Curé à durée indéterminée

Du même auteur

Croissance paroissiale. La lettre d'un curé, Téqui, Paris, 2019.

François Dedieu

Curé à durée indéterminée

Des pasteurs stables
pour des paroisses qui bougent!

ARTÈGE

Éditions Artège
9 espace Méditerranée – 66000 Perpignan
10 rue Mercœur – 75011 Paris

www.editionsartege.fr

ISBN : 979-10-336-1250-6
EAN Epub : 9791033612933

À ma paroisse Saint-Urbain-Sainte-Marie
de La Garenne-Colombes.

À l'abbé Georges Michonneau (1899-1983),
pasteur exemplaire soucieux du salut de toutes les âmes.

À mes confrères curés
qui désirent se donner totalement
et sans retour à leur paroisse.

« Un bon pasteur,
un pasteur selon le cœur de Dieu,
c'est là le plus grand trésor
que le Bon Dieu puisse accorder à une paroisse,
et un des plus précieux dons de la miséricorde divine. »

Saint Jean-Marie VIANNEY, curé d'Ars,
saint patron de tous les curés de l'univers

Remerciements

Je remercie Mgr Matthieu Rougé pour la confiance qu'il m'accorde, ainsi que tous ceux qui m'ont accompagné pour la rédaction d'un mémoire en théologie pastorale sur la stabilité du curé, et en particulier ma directrice, Marie-Anne Vannier.

Préface

Serviteur et témoin du Bon Pasteur

« Je suis le bon pasteur ; je connais mes brebis, et mes brebis me connaissent, comme le Père me connaît, et que je connais le Père ; et je donne ma vie pour mes brebis » (Jn 10,14-15). Peu de formules évangéliques touchent aussi profondément le cœur des prêtres, des curés de paroisse en particulier, et des évêques que cette douce et forte affirmation de Jésus. C'est lui le Bon Pasteur par excellence, le Grand Prêtre véritable, qui conduit ses disciples et, par eux et avec eux, l'humanité entière aux sources de la vie éternelle. C'est lui qui se suscite des collaborateurs pour que les tâches du ministère soient accomplies (Ep 4,12), pour que son amour rédempteur soit annoncé, pour que son œuvre se déploie.

Jésus insiste sur la connaissance que le bon pasteur a de ses brebis. La profondeur et l'intimité de cette connaissance sont analogues à celles que, de toute éternité, il a du Père et que le Père a de lui. Cette connaissance mutuelle du Père et du Fils, qui est aussi leur amour partagé, est comme un nom du Saint-Esprit. Cette connaissance est le contenu même de la vie éternelle : « La vie éternelle, c'est qu'ils te connaissent, toi le seul vrai Dieu, et celui que tu as envoyé, Jésus Christ » (Jn 17,3). C'est à l'aune de cette connaissance mutuelle du Père et du Fils, de cette connaissance que le Christ a du fond du cœur de ceux pour qui il donne sa vie, qu'il faut comprendre la connaissance que les pasteurs de la terre sont appelés à avoir des fidèles qui leur sont confiés : la connaissance dans l'Esprit des enjeux essentiels de leur vie.

La profondeur de cette perspective de salut et de vie est bien le contexte de la réflexion que nous propose l'abbé François Dedieu, curé de paroisse dans le diocèse de Nanterre, à partir de son expérience, mais aussi d'un travail théologique précis et profond. Dans le contexte d'une présence territoriale de l'Église en pleine mutation dans notre pays, il ne cherche pas à défendre à tout prix un modèle du passé, mais bien à ouvrir des chemins pour l'avenir à partir de ce qui est constitutif d'une communauté chrétienne locale authentique. De même que *Lumen Gentium*, la constitution dogmatique du concile Vatican II sur l'Église, évoque « le peuple de Dieu » avant « la constitution hiérarchique de l'Église », de même, cette étude réfléchit à la paroisse avant de s'interroger sur le ministère du curé. C'est à partir de la communauté à rassembler, en particulier pour l'eucharistie, afin de l'envoyer en mission, dans la force des sacrements reçus, que se dégagent les éléments constitutifs de la mission du pasteur.

C'est notamment à l'abbé Georges Michonneau, prophète du caractère intrinsèquement missionnaire des paroisses dès les années 1940, qu'est dédiée cette étude. Le diocèse de Nanterre garde avec reconnaissance le souvenir de ce Fils de la Charité, créatif et audacieux, curé au Sacré-Cœur du Petit-Colombes puis à Saint-Pierre-Saint-Paul de Colombes entre 1939 et 1956. Il y a encore des fidèles pour se rappeler son zèle apostolique et sa bienveillance pastorale. Le futur Jean-Paul II lui-même, lors d'un voyage de jeunesse à Paris, avait tenu à se rendre à Colombes pour rencontrer l'abbé Michonneau et échanger avec lui, tant sa renommée missionnaire était grande dans l'Église. Ce patronage n'est pas anodin pour l'abbé Dedieu, car c'est bien à partir du caractère intrinsèquement missionnaire des paroisses qu'il faut réfléchir au ministère des curés. Le thème contemporain de la « conversion missionnaire », si présent dans les enseignements du pape François, est comme la basse continue de cette étude. Il ne s'agit pas de défendre le modèle traditionnel des paroisses comme tel, mais plutôt de se demander comment les transformer pour que le Christ Sauveur soit vraiment annoncé à nos contemporains.

On pourra légitimement discuter les convictions fortes de l'abbé Dedieu sur la stabilité du curé, trouver que ses réflexions s'appliquent davantage au contexte urbain qu'au milieu rural, se demander comment ce qu'il affirme peut être pertinent pour le déploiement contemporain de pôles missionnaires, comme il s'en développe beaucoup en France aujourd'hui, où les prêtres sont appelés à davantage d'itinérance que de stabilité. Certains se demanderont également comment articuler cette focalisation sur le curé avec le travail en cours sur la synodalité, c'est-à-dire la collaboration fraternelle de tous les baptisés au service de la marche de l'Église. Il me semble que cette étude fait en réalité droit à l'ensemble de ces interrogations, ajoutant sa pierre à l'indispensable travail de recherche et de créativité qu'appelle la situation de l'Église en notre temps. Une des questions importantes, notamment pour l'avenir des vocations, qu'il pose est celle des conditions d'épanouissement humain et spirituel durables de ceux qui ont donné leur vie pour un peuple à la suite et à l'école du Bon Pasteur.

La société contemporaine est très sensible à la thématique du « soin », du « *care* ». Il n'y a parfois que de l'affichage rhétorique dans le recours à ces termes, mais on peut aussi y déceler la trace d'une véritable prise de conscience : nous avons à prendre soin les uns des autres dans un monde de plus en plus individualiste et dépersonnalisant. Une des réponses indispensables à tous les abus qui ont défiguré le visage de l'Église passe par la « bientraitance », une qualité de respect et de soin, qui inverse la logique maléfique de la négation des personnes et de leur intégrité. Comment oublier dans ce contexte que « curé », « *care* », « *cura* », sont un même mot et désignent une même réalité ? Au moment où toute la société découvre ou redécouvre l'urgence et la nécessité du « soin », l'Église ne peut pas renoncer à envoyer en mission, dans des conditions adaptées, ceux qui acceptent de donner leur vie pour prendre « soin » de leurs frères et sœurs, de leurs âmes, de leur marche vers la vie éternelle.

Le rituel d'installation des nouveaux curés, évoqué par l'abbé Dedieu, n'est qu'esquissé par les prescriptions liturgiques actuelles, qui suggèrent cependant le renouvellement des promesses d'ordination et la mise en valeur de l'ambon, du baptistère, du confessionnal et du siège de présidence, expressions visibles de la triple mission d'enseigner, de sanctifier et de gouverner, avec l'humilité et la douceur du Christ lui-même. En notre temps, si riche d'incertitudes qui peuvent devenir des promesses, tout dans les formes concrètes de la vie de l'Église est appelé à se renouveler par mode d'approfondissement, comme l'a enseigné et pratiqué le concile Vatican II. Toutes les réponses ne sont pas encore trouvées sur les évolutions du ministère ordonné en général et du ministère de curé en particulier, mais toutes les questions méritent d'être posées, pour que soit manifestée et déployée la présence vivante du Bon Pasteur qui prend soin de chacun parce qu'il a donné sa vie pour tous.

† Matthieu Rougé
Évêque de Nanterre

Introduction

« Ma paroisse ! Un mot qu'on ne peut prononcer sans émotion, – que dis-je ! sans un élan d'amour. Et cependant, il n'éveille encore en moi qu'une idée confuse. Je sais qu'elle existe réellement, que nous sommes l'un à l'autre pour l'éternité, car elle est une cellule vivante de l'Église impérissable et non pas une fiction administrative[1]. »

Journal d'un curé de campagne,
Georges BERNANOS

Avec lyrisme, Georges Bernanos décrit l'enthousiasme d'un moment du curé d'Ambricourt, trois mois après son arrivée dans sa paroisse. La paroisse et le curé : deux mots auxquels les catholiques sont habitués, mais qu'il nous semble nécessaire d'approfondir pour comprendre le lien qui unit, non seulement ces mots, mais surtout les réalités qu'ils expriment. Dans ce but, il faut s'efforcer de s'écarter d'une vision trop subjective de la paroisse : tout catholique est tenté de penser d'abord à sa propre paroisse et à son propre curé. La paroisse est l'Église vécue au niveau

1. Georges BERNANOS, *Journal d'un curé de campagne.* In Georges BERNANOS, *Œuvres romanesques*, Bibliothèque de la Pléiade, 155, Gallimard, Paris, 1961, p. 1052.

local. Le concile Vatican II dit des paroisses que, « d'une certaine manière, elles représentent l'Église visible établie dans l'univers[2] ».

« Nous sommes l'un à l'autre pour l'éternité », ose dire le curé d'Ambricourt dans un élan qui nous déroute, tant nous sommes habitués à voir les curés tourner de paroisse en paroisse.

En 2011, j'ai été nommé pour six ans curé des paroisses Saint-Urbain à La Garenne-Colombes et Sainte-Marie-des-Vallées à Colombes. Aujourd'hui, il s'agit d'une seule et même paroisse. Il était alors évident pour moi que je recevais cette mission pour une durée limitée, renouvelable en deux fois trois ans selon la règle dans le diocèse de Nanterre. Habitué depuis « toujours » à ce fonctionnement, je ne m'étais jusque-là jamais autorisé à penser qu'il pouvait en être autrement.

Au cours de ma deuxième année curiale, alors que je vivais avec mes paroissiens une véritable conversion pastorale et missionnaire, j'ai commencé à m'interroger sur la durée limitée de ma mission. La nomination pour un temps déterminé et la mobilité régulière du curé n'étaient subitement plus évidentes pour moi. Elles étaient même devenues illogiques, voire de l'ordre de l'absurde. Comment pouvons-nous dire que le bon pasteur donne sa vie pour ses brebis quand on lui demande de passer de troupeau en troupeau selon des échéances fixées par avance ?

En partageant ces réflexions avec des confrères, beaucoup étaient dans l'attitude qui était la mienne au début : l'acceptation d'un fonctionnement que notre génération de prêtres a toujours connu en France. J'ai aussi compris qu'avec certains confrères, ou avec certains évêques, nous ne parlions pas de la même réalité quand nous parlions du

2. Concile Vatican II, *Sacrosanctum Concilium*, n° 42.

curé. Certains voient cette charge essentiellement, pour ne pas dire uniquement, par rapport aux chrétiens et en particulier aux pratiquants. D'autres considèrent que cette charge amène le curé à se soucier de toutes les âmes du territoire de sa paroisse. La différence est pourtant fondamentale : il est orienté vers l'administration ou vers la mission.

Lors du Congrès Mission qui se tenait à Paris en 2018, j'ai découvert que d'autres curés, en particulier ceux qui étaient entrés dans une démarche de conversion missionnaire et pastorale avec leur paroisse, s'interrogeaient eux aussi sur ces durées de nomination et aspiraient pour un bon nombre à la stabilité. Je n'étais donc pas seul ! Et c'était aussi la perspective missionnaire qui les amenait à se poser les mêmes questions.

Pour ne pas en rester à de vagues idées personnelles, même partagées avec d'autres, j'ai choisi d'approfondir cette question dans un mémoire de master de théologie pastorale soutenu en 2021 et qui a nourri ma réflexion pour écrire ce livre. Nous serons amenés à faire des détours dans le Code de droit canonique auquel certains sont peu habitués. Il est d'une aide précieuse. Ses définitions juridiques sont imprégnées de fondements théologiques et donnent un cadre pour déployer l'œuvre pastorale. Il est nécessaire de chercher à atteindre l'esprit qui soutient la lettre en ne négligeant ni l'un ni l'autre.

La simple évocation d'une stabilité possible – et même souhaitée par l'Église[3] – suscite souvent étonnement,

3. Le concile Vatican II, dans son décret *Christus Dominus*, énonce ce principe : « Dans sa paroisse chaque curé doit jouir, en son office, de la stabilité que requiert le bien des âmes » (n° 31). Ce principe, traduit dans le Code de droit canonique (*CIC* 522), a été rappelé en 2020 par la Congrégation pour le clergé dans son instruction *La conversion pastorale de la communauté paroissiale au service de la mission évangélisatrice de l'Église* (n° 68).
Nous utiliserons pour les références au Code de droit canonique de 1983 l'abréviation *CIC* correspondant à *Codex Iuris Canonici*. Pour les références au *Catéchisme de l'Église catholique*, nous utiliserons l'abréviation *CEC*.

incompréhension et désir d'y mettre malgré tout une limite temporelle. La mobilité systématique des curés et la quasi-généralisation des nominations à durée déterminée ont pénétré les esprits au point de toucher au regard porté sur le curé. Il n'est souvent plus considéré comme le pasteur stable d'une communauté stable de fidèles, si bien que je me suis entendu dire : « Les propriétaires que sont les paroissiens n'ont pas à subir les décisions des locataires que sont les curés. » Au-delà du langage polémique et outrancier, l'idée est ancrée que le curé est celui qui passe. Cette image est donnée dès la nomination quand elle est faite pour une durée déterminée. La figure du *pasteur propre* peut se détériorer au profit d'un administrateur temporaire, comme quelqu'un qui assure une direction le temps d'un mandat. À l'heure de la mobilité et de la mondialisation, beaucoup expriment la nécessité d'un ancrage stable et local. La paroisse est bien souvent cet ancrage. Pourtant celui-ci est déstabilisé par des successions rapides de curés.

Certains sont tentés de définir la paroisse sans le curé. Celui-ci appartient pourtant à la définition de la paroisse donnée par l'Église. Une communauté de fidèles, même stable, n'a pas d'existence comme paroisse sans sa relation à un curé. Il y a un lien intrinsèque entre communauté paroissiale et charge pastorale, entre paroisse et curé : l'un n'existe pas sans l'autre[4]. « Sans la présence du Christ représenté par le prêtre, guide sacramentel de la communauté, celle-ci ne serait pas en plénitude une communauté ecclésiale[5] », rappelait saint Jean-Paul II.

4. La seule exception présentée par le Code de droit canonique nécessite la présence d'un prêtre qui a les pouvoirs et facultés du curé (cf. *CIC* 517 § 2).

5. Saint Jean-Paul II, Audience aux participants de la plénière de la Congrégation pour le clergé, 23 novembre 2001, n° 2. In Congrégation pour le clergé, *Le prêtre, pasteur et guide de la communauté paroissiale*, 2002.

La diminution du nombre de prêtres en France conduit les évêques, d'une part, à créer de nouvelles paroisses toujours plus grandes en regroupant d'anciennes communautés paroissiales et, d'autre part, à nommer parfois tout prêtre « curé », sans attendre la manifestation des qualités essentielles à cet office à travers une expérience suffisante du ministère pastoral. Un travail de discernement est requis pour que ces nouvelles paroisses ne soient pas de simples regroupements qui pourraient encore évoluer, mais de nouvelles communautés stables de fidèles à qui peut être donné un *pasteur propre*. C'est pourquoi il semble important de comprendre ce qu'est l'office curial – qui ne doit pas être compris comme un titre – pour discerner les charismes et les qualités indispensables à celui qui pourra être donné par l'évêque à une paroisse. L'enjeu de cette réflexion atteint aussi la pastorale des vocations, car la juste perception ecclésiologique et pastorale du curé peut toucher le cœur d'un enfant, susciter un chaste attachement à son curé et mettre en lui le premier désir d'être un jour « comme son curé ».

Dans ce contexte, la juste compréhension de ce que sont la paroisse et son curé semble plus que jamais nécessaire. Il est regrettable qu'ils ne fassent pas l'objet d'un enseignement théologique dans les séminaires. En effet, théologique ne signifie pas théorique si cette théologie est écrite et enseignée par des pasteurs. L'abbé Georges Michonneau, célèbre curé du Petit-Colombes au milieu du XXe siècle, fustige l'écueil d'une théologie désincarnée :

> Que de fois, nous autres curés, n'avons-nous pas bondi à la lecture de certaines pages de pastorale, parce que nous sentions bien qu'elles n'exprimaient que des vues de l'esprit. Elles n'avaient point été vécues avant d'être écrites. Il est si facile de faire du

ministère en chambre avec les catégories d'un bureau d'études[6] !

Avec le chanoine Pierre Bailby, curé de Saint-Pierre de Neuilly-sur-Seine de 1945 à 1962, l'abbé Michonneau nous accompagnera particulièrement dans notre approfondissement. Ils ont en commun d'avoir tous deux été curés de paroisses qui se situent aujourd'hui dans le diocèse de Nanterre[7]. Ils sont des pasteurs de terrain illustrant dans des paroisses très différentes – l'une essentiellement populaire, l'autre essentiellement bourgeoise – ce que la théologie exprime.

---

6. Georges Michonneau, *Paroisse, communauté missionnaire*, Cerf, coll. « Rencontres », 21-22, Paris, 1946, p. 19.

7. Le diocèse de Nanterre a été créé en 1966.

1
Petite histoire de la paroisse et de son curé

Pour saisir la réalité de la paroisse en général, au-delà de la tentation de se limiter à sa propre paroisse, un petit plongeon dans l'histoire est nécessaire. Il est bon de comprendre les lignes principales qui tracent une histoire commune de la paroisse.

Nous pouvons distinguer trois grandes périodes. La première correspond à l'apparition de la paroisse comme entité et à sa formalisation au cours du premier millénaire. La deuxième s'étend jusqu'au début du XXe siècle où l'Église cherche à définir l'identité propre de la paroisse et à en délimiter les missions. La troisième période couvre le dernier siècle pendant lequel la paroisse cherche un nouveau souffle et une dimension plus juste, entre crises et renouveaux.

L'apparition des paroisses

Comme des étrangers dans le monde

Le mot « paroisse », que nous employons si souvent dans l'Église pour en désigner une structure administrative, appartient aujourd'hui exclusivement au vocabulaire ecclésiastique. Il vient du grec *paroikein* qui signifie « demeurer auprès de ». L'adjectif *paroikos*, qui signifie « voisin de », désigne l'étranger qui s'est installé d'une manière durable.

Dans la culture biblique, ce vocabulaire acquiert rapidement une signification religieuse. La Septante, traduction grecque de la Bible, utilise les termes *paroikein*, *paroikos* et *paroikia* pour définir quatre situations : Abraham, hôte d'un peuple étranger (Gn 12,10), Moïse au pays de Madian, « immigré en une terre étrangère » (Ex 2,22), le peuple hébreu en Égypte (Ps 105,12) et enfin le peuple d'Israël en exil (Ez 20,38).

Casiano Floristan, premier titulaire de la chaire de théologie pastorale à l'université de Salamanque au milieu du xxe siècle, commente :

> Les Hébreux, depuis Abraham, ont la conscience religieuse d'être des étrangers dans un monde qui n'est pas le leur ; ils forment une paroisse, c'est-à-dire une communauté qui pérégrine vers la Terre promise. [...] Le mot paroisse, grec de par son origine grammaticale, trouve dans la mentalité hébraïque son sens religieux le plus profond[1].

1. Casiano Floristan, *La paroisse, communauté eucharistique. Essai d'une théologie pastorale de la paroisse*, P. Lethielleux éditeur, Paris, 1963, p. 20.

Il poursuit :

> La paroisse est donc, au sens biblique, non pas la communauté de personnes qui vivent autour d'un lieu de culte, encore moins un district territorial, mais une communauté de foi qui vit dans ce monde comme étrangère, sans droit de citoyenneté[2].

Cette conscience d'être pèlerins en ce monde se retrouve dans l'exhortation de saint Pierre : « Si vous appelez Père celui qui, sans acception de personnes, juge chacun selon ses œuvres, conduisez-vous avec crainte pendant le temps de votre exil[3] » (1P 1,17). Cet exil ne signifie pas pour les chrétiens qu'ils doivent adopter les manières de vivre de ceux qui les entourent, mais au contraire qu'ils ont à illuminer le monde par leur conduite comme le reprend saint Pierre : « Bien-aimés, je vous exhorte, comme des gens qui séjournent (*paroikous*) et sont de passage, à vous abstenir des convoitises charnelles qui font la guerre à l'âme. Ayez une belle conduite parmi les païens[4] » (1P 2,11-12)…

En relisant l'histoire de la paroisse, la Congrégation pour le clergé en relève une première intuition chez saint Paul :

> Quelques textes pauliniens, en effet, révèlent la constitution de petites communautés qui, comme Églises domestiques, sont simplement désignées par

2. *Ibid.*, p. 24.

3. Sauf mention contraire, les citations bibliques sont extraites de la *Bible de Jérusalem* (1972). Cependant, les mentions du nom de Dieu ont été remplacées par « le Seigneur ».

4. Traduction de la Bible Osty.

> l'Apôtre avec le mot « maison » (cf., par exemple, Rm 16,3-5; 1Co 16,19-20; Ph 4,22). Avec ces « maisons », on peut découvrir la naissance des premières « paroisses ». [...] L'étymologie du terme lui-même permet de comprendre le sens de l'institution : la paroisse est une maison au milieu des maisons[5].

Le substantif *paroikia* apparaît pour la première fois au sens d'Église locale dans la lettre de l'Église de Smyrne à l'Église de Philomenium. Cette lettre, écrite entre 155 et 157, est adressée non seulement à l'Église de Philomenium, mais encore « à toutes les paroisses (*paroikiai*) du monde relevant de la sainte Église universelle[6] ».

Le terme « paroisse » désigne alors une communauté particulière à l'intérieur de l'Église universelle, avec cette conscience que ces communautés ne peuvent être que de passage. La véritable cité des chrétiens « se trouve dans les cieux » (Ph 3,20). La perspective eschatologique du mot *paroisse* est alors encore très présente. Au IIIe siècle, Origène relève que les Églises du Christ sont comme des luminaires en ce monde, au milieu des peuples où elles séjournent[7] (*paroikein*). Ce n'est qu'au IVe siècle, lorsque le christianisme sera installé dans l'Empire romain, que le mot va perdre sa dynamique pour se limiter à une description administrative.

---

5. Congrégation pour le clergé, *La conversion pastorale de la communauté paroissiale au service de la mission évangélisatrice de l'Église*, 2020, n° 6-7.

6. *Martyre de saint Polycarpe.*

7. Cf. Origène, *Contra Celsum* III, 29.

Vers une distinction entre diocèse et paroisse

Jésus n'a pas donné un cadre administratif et pastoral pour l'Église. Celle-ci découvre progressivement les moyens qu'elle peut employer pour répondre à la mission qu'elle a reçue de son Seigneur. La réalité paroissiale n'a donc pas été définie dès les commencements du christianisme mais elle se dessine peu à peu.

Au IIe siècle, l'évêque est le maître, le liturge et le pasteur de l'Église locale. La Tradition apostolique d'Hippolyte montre qu'à la fin du IIIe siècle l'évêque célèbre l'eucharistie entouré de ses prêtres[8]. Le diocèse est alors encore l'unique territoire paroissial et l'évêque en est le pasteur. Même lorsque de grandes villes possèdent un collège de prêtres autour de l'évêque, ils en sont les assistants et ne disposent pas d'un territoire pour l'exercice d'un ministère particulier.

Nous savons, grâce à une lettre de Pline le Jeune, que le christianisme se répandait déjà dans les campagnes au début du IIe siècle, même si l'évangélisation des campagnes ne se développera vraiment qu'à partir du IVe siècle. Avec cette expansion dans le monde rural, des Églises locales présidées par l'évêque et appelées *paroikia* sont divisées en communautés plus petites confiées à un ou plusieurs prêtres.

Les prêtres sont amenés à remplacer l'évêque en certaines circonstances. Il semble qu'au temps d'Irénée, l'eucharistie pouvait être célébrée par un délégué de l'évêque en raison de la distance. Les périodes de persécution qui ont privé des Églises de leur évêque amènent régulièrement les prêtres à parer au plus pressé. À Carthage, au milieu du IIIe siècle, saint Cyprien témoigne de l'extension

8. Cf. Casiano FLORISTAN, *La paroisse, communauté eucharistique*, *op. cit.*, p. 43.

de la présidence de l'eucharistie aux presbytres avec l'assistance d'un diacre. Ces célébrations peuvent avoir lieu lors de rassemblements réguliers de chrétiens, mais aussi dans des prisons.

L'Église s'efforce dans le même temps d'éviter la multiplication du nombre d'évêques et la création d'Églises trop petites. Nous parlons bien d'Église au sens de ce que nous appelons aujourd'hui des diocèses. Le concile de Sardaigne (347) stipule dans ses canons 6 et 7 : « On ne doit point ordonner un évêque ni dans un bourg, ni dans une petite ville où un prêtre suffit, car alors la présence d'un évêque est inutile et il importe extrêmement de lui conserver son autorité et l'honneur de son nom[9] ». On cherche la manière de nommer le prêtre desservant. Le concile de Carthage (369) recourt à deux expressions : « prêtres qui dirigent des Églises dans des diocèses » et « prêtre qui est à la tête d'une paroisse ».

Ces petites communautés éloignées du siège épiscopal sont de plus en plus nombreuses. Dans une lettre à saint Léon le Grand (440-461), Théodore de Cyr l'informe de l'existence de 800 paroisses constituées dans sa province.

Dans les provinces de Bordeaux et de Narbonne, on trouve aussi à partir du Ve siècle de véritables Églises paroissiales. On observe la création de nombreuses Églises rurales appelées *parochiae* avec un prêtre propre en Gaule et en Espagne au Ve et au VIe siècle. Jusqu'au VIe siècle, les Églises rurales sont des succursales de l'Église épiscopale. Les prêtres n'en sont pas pasteurs au sens de « responsables de communauté » malgré la *cura animarum* – la charge des âmes – qu'ils assument. Les prêtres ne prêchent pas. C'est l'évêque qui administre le baptême solennel.

9. In Thierry Blot, *Le curé, pasteur. Des origines à la fin du XXe siècle. Étude historique et juridique*, Téqui, Paris, 2000, p. 16.

Quand le deuxième concile de Vaison (529) fait obligation aux prêtres de prêcher, la figure d'un prêtre de plus en plus pasteur émerge clairement. L'organisation de la communauté s'inspire de celle de la ville : le prêtre se retrouve entouré d'un clergé. Ce même concile oblige les prêtres des Églises rurales à enseigner à des jeunes les Saintes Écritures. Devenus prêtres, ils exerceront leur ministère en ce même lieu où ils demeureront de façon stable.

Cependant, au VIe siècle, on emploie encore les mots diocèse et paroisse indistinctement. Ils ont souvent le même sens.

À partir du VIIe siècle, le clergé rural n'a plus l'obligation de célébrer les grandes fêtes avec l'évêque. Il se retrouve à la tête de paroisses organisées. Les pouvoirs de ces premiers « curés » augmentent progressivement.

Avec le développement de la paroisse, la fonction de « curé » est donc née lentement entre le IVe et le IXe siècle.

À l'époque mérovingienne, on compte environ 20 000 paroisses. Sous les Carolingiens, l'expansion monastique et le souci d'évangéliser les campagnes favorisent encore la multiplication des lieux de culte. Les évêques décident souvent de diviser des paroisses devenues trop grandes. Charlemagne leur prescrit aussi de bâtir de nouvelles églises dans des régions récemment évangélisées.

> Si nous voulions trouver dans tout le haut Moyen Âge le personnage qui corresponde le mieux à celui que nous appelons aujourd'hui le curé, il faudrait en tout premier lieu, si paradoxal que cela soit, désigner l'évêque. L'évêque est véritablement le « curé » de la cité. Il en est le pasteur immédiat. [...] Il n'est pas au-dessus et en dehors de toutes les paroisses et de tous leurs « curés ». Il est un « curé » parmi les autres, ayant sa propre « paroisse », celle de la cité, bien que

> lui-même soit de rang supérieur à tous les autres « curés » et que ceux-ci dépendent partout de lui[10].

Entre le IXe et le XIe siècle, on trouve progressivement des paroisses en ville, c'est-à-dire dans la cité de l'évêque. On peut alors vraiment parler de paroisses urbaines. L'évêque n'a plus la charge pastorale directe de la cité mais s'occupe davantage de son clergé. Il reste la figure du « curé », non plus dans son rapport aux fidèles de la cité mais par rapport à son *presbyterium*, l'ensemble des prêtres de son diocèse.

Dans cette première période, la figure de celui que nous appelons aujourd'hui le curé se précise peu à peu. D'abord membre du *presbyterium*, le prêtre a dû célébrer les saints mystères pour des communautés plus éloignées du siège épiscopal. Ce chemin s'est poursuivi à mesure que les communautés se multipliaient. Progressivement, le prêtre desservant une paroisse et attaché à elle a été appelé à exercer des fonctions initialement propres à l'évêque et sa fonction pastorale a été confirmée.

Le modèle paroissial

Au changement de millénaire, le principe de la paroisse et de l'office de curé, même s'il ne porte pas encore ce nom, est donc acquis. Au moment où la paroisse s'affirme, son desservant est reconnu peu à peu comme son véritable pasteur. Les textes canoniques obligent progressivement les fidèles à fréquenter l'église de leur territoire.

---

10. R.P. Henry, « La charge du curé des origines à nos jours ». In Georges Michonneau, *Le curé*, Bibliothèque Ecclesia, Librairie Arthème Fayard, Paris, 1954, p. 36-37.

La crise de l'institution curiale (xie - xive siècle)

Très vite arrivent des questions de pouvoir ou d'argent. Avec ce que l'on appellera la « réforme grégorienne », le saint pape Grégoire VII (1073-1085) prolonge l'œuvre de ses prédécesseurs Léon IX et Nicolas II. Il désire remédier à l'immoralité du clergé qui touche les prêtres à travers deux grands maux : la simonie et le nicolaïsme. La simonie consiste en l'achat ou la vente de biens spirituels. Elle doit son nom à Simon le Magicien, qui voulait acheter à saint Pierre le pouvoir de donner l'Esprit Saint (Ac 8,9-21). Le nicolaïsme désigne l'incontinence sexuelle des clercs en opposition à leur célibat. Ces maux sont condamnés par le synode du Latran (1059).

Le quatrième concile du Latran (1215) met en évidence le curé comme personnage clé de l'institution catholique. Le mot français « curé » apparaît pour la première fois au xiiie siècle sous la plume de Rutebeuf. Il n'y a pas encore de définition précise de la paroisse. Dans la pratique, on observe trois réalités : une *communauté de fidèles*, sur un *territoire*, confiée à un *prêtre* qui la dirige. Il a le monopole du soin de toutes les âmes de son territoire, d'où son nom dérivé du latin *cura animarum* (soin des âmes). Les fonctions principales qui lui sont réservées sont le baptême, la communion pascale, la confession annuelle, la bénédiction du consentement conjugal, le viatique, l'onction et les funérailles.

Le pouvoir des curés continue d'augmenter. En 1300, une bulle de Boniface VIII stipule que les ordres mendiants ne peuvent prêcher dans les églises qu'avec la permission des curés respectifs. Au-delà des questions de prédication, les discussions entre les curés et les religieux aux xive et xve siècles portaient souvent sur le fait de savoir à qui iraient les bénéfices.

Le concile de Trente

Il faut attendre le concile de Trente pour que soient assainies les conditions du ministère pastoral et de la paroisse. La pastorale souffre du fait que les paroisses ne sont pas bien délimitées. Les fidèles ne savent pas à quel curé s'adresser et les curés ne peuvent pas connaître tous les fidèles dont ils ont la responsabilité. Le concile demande aux évêques de répartir la population en paroisses précises et déterminées et d'assigner à chaque population, ainsi répartie, un curé stable et particulier.

Il définit avec clarté sa mission, à partir de l'évêque. Ce dernier est le pasteur de son diocèse. Il doit résider au milieu de son troupeau, proclamer la parole de Dieu et veiller à ce qu'elle le soit convenablement par les pasteurs dans toutes les paroisses de son diocèse qu'il se doit de visiter. Il doit assurer la formation de son clergé et donc construire un séminaire.

Presque tout ce qui est dit de l'évêque vaut pour le curé qui est responsable du ministère pastoral. Il y a comme une différence de degré, même si le Concile ne l'a pas formalisé en ces termes. Chaque paroisse aura son curé qui doit y résider, prêcher, enseigner la jeunesse. Il ne peut cumuler les bénéfices, en profitant des ressources de plusieurs paroisses par exemple. Il y a là une rupture avec une conception matérielle et économique de l'institution paroissiale. Le soin des âmes doit engager tout l'être du curé. L'idée de bénéfice ne disparaît pas totalement, mais c'est le *salus animarum*, le salut des âmes, qui est proposé par le Concile comme but premier de son ministère. Identifié au Christ, le curé doit « connaître ses brebis, offrir pour elles le sacrifice, les nourrir par la prédication de la parole de Dieu, par l'administration des sacrements et par l'exemple de toutes les bonnes œuvres et avoir un soin paternel des pauvres et des autres personnes dans le malheur et s'appliquer aux autres charges pastorales[11] ».

Pour que le curé puisse accomplir sa mission première de soin des âmes, la paroisse ne doit pas être trop grande. Il doit pouvoir connaître ses paroissiens.

Le concile de Trente encourage donc la création de paroisses pour satisfaire au mieux les besoins des fidèles. Cette recommandation deviendra une injonction avec la publication du Code de droit canonique de 1917 :

> Le territoire de chaque diocèse doit être divisé en circonscriptions territoriales distinctes ; à chaque circonscription doit être assignée une église particulière avec des fidèles déterminés. À la tête de chacune d'entre elles doit être placé un recteur spécial, qui sera pasteur propre chargé de la cure des âmes[12].

C'est alors que les paroisses apparaissent véritablement dans la forme que nous leur connaissons. La fonction et la mission du curé sont précisées : être *pasteur propre* chargé du soin des âmes.

Du « mouvement paroissial » à la conversion des paroisses

Les premières décennies du XXe siècle connaissent un important effort de pastorale autour de la paroisse. René Metz, professeur à la faculté de théologie catholique et à l'Institut de droit canonique de l'université de

11. Concile de Trente, Session XXIII, *Doctrine et canon sur le sacrement de l'ordre*, canon 1.

12. *Code de droit canonique de 1917*, Canon 216 § 1.

Strasbourg, note que « les esprits les plus clairvoyants étaient convaincus qu'une pastorale efficace ne pouvait avoir de succès que par le moyen de la paroisse et dans le cadre de la paroisse[13] ».

Le « mouvement paroissial »

Entre les deux guerres apparaît, en Allemagne puis en France, ce que l'on a appelé le « mouvement paroissial ». Si une première impulsion est donnée en Autriche en 1909, c'est en 1925 que dom Athanasius Wintersig, bénédictin de l'abbaye de Maria-Laach, ouvre la voie à une véritable réflexion théologique sur la paroisse en publiant « Le réalisme mystique de la paroisse[14] ». Il affirme :

> À un degré moins parfait que le diocèse mais très réel et fondamental, la paroisse forme une image de l'Église universelle ; elle en est une cellule intégrante, reflétant et ramassant, comme dans un micro-organisme, la vie de l'Église entière[15].

Sa perception de la réalité de la paroisse aura un large écho, comme chez le futur cardinal Yves Congar pour qui la paroisse doit représenter en réduction l'Église

---

13. René Metz, « La paroisse en France à l'époque moderne et contemporaine. Du concile de Trente à Vatican II. Les nouvelles orientations », Deuxième partie, *Revue d'histoire de l'Église de France*, tome 61, n° 166, 1975, p. 5.

14. L'article de Athanasius Wintersig fut publié sous le titre « *Pfarrei und Mysterium* » dans *Jahrbuch für Liturgiewissenschatf*, t. 5, 1925, p. 136-145. Il fut traduit en français deux décennies plus tard sous le titre « Le réalisme mystique de la paroisse » dans *La Maison-Dieu*, 8, 1946, p. 15-26.

15. Dom Athanasius Wintersig, « Le réalisme mystique de la paroisse », art. cit., p. 16.

universelle, corps du Christ[16]. En 1933, Pius Parsch, chanoine régulier de l'abbaye de Klosterneuburg, reprend au Congrès pastoral de Vienne la vision de dom Wintersig et lui donne une large diffusion. La traduction française de la réflexion de dom Wintersig sera publiée en 1946. À la différence du diocèse, qui est une manifestation complète de l'Église universelle, la paroisse en est une manifestation incomplète au niveau local, toute relative à l'évêque et en sa dépendance. Elle n'est une cellule vivante que quand elle est reliée au corps diocésain.

Dans le même temps en France, des statistiques révèlent la triste situation des paroisses et, en 1943, les abbés Godin et Daniel interrogent la paroisse traditionnelle sur son efficacité pastorale dans *La France, pays de mission*[17] *?* Ce livre eut un énorme retentissement. Réédité cinq fois entre 1943 et 1962, traduit en anglais et en allemand, il ouvre les yeux de beaucoup sur l'échec de la pastorale paroissiale en matière d'évangélisation.

Après la Seconde Guerre mondiale, le mouvement paroissial qui multiplie les réflexions et les expériences s'étend à l'Italie, la Belgique, l'Espagne, les États-Unis et une partie de l'Amérique latine. Parmi toutes les paroisses pilotes, nous pouvons retenir celle du Sacré-Cœur de Colombes, dans l'actuel département des Hauts-de-Seine. Son curé, l'abbé Georges Michonneau, a publié en 1945 un ouvrage qui inspira de nombreux prêtres français : *Paroisse, communauté missionnaire. Conclusions de cinq ans d'expérience en milieu populaire*. Il dédie son livre à l'abbé Godin et apporte une juste réponse aux interrogations de *La France, pays de mission ?* : « Les

16. Cf. Yves Congar, *Sacerdoce et laïcat devant leurs tâches d'évangélisation et de civilisation*, Cerf, Paris, 1962, p. 188-189.

17. Henri Godin et Yvan Daniel, *La France, pays de mission ?*, Cerf, coll. « Rencontres », 12, Paris, 1943.

possibilités de la paroisse dépassent celles qu'avait entrevues l'abbé Godin[18]. » Le rayonnement de la paroisse de l'abbé Michonneau franchit les frontières, comme le montre la venue d'un jeune prêtre polonais, Karol Wojtyła – futur saint Jean-Paul II –, en 1947 pour découvrir la paroisse du Sacré-Cœur et y rencontrer l'abbé Michonneau.

La paroisse a aussi fait l'objet de nombreux congrès, depuis le congrès de l'Union des œuvres catholiques de France « Paroisse, chrétienté communautaire et missionnaire » à Besançon en 1946, jusqu'au premier colloque européen des paroisses organisé à Lausanne en 1961 à l'initiative du chanoine Francis Connan, curé de la paroisse pilote de Saint-Séverin à Paris. À Vienne, Cologne, Barcelone, Turin ou Strasbourg, un nouveau colloque traite d'un thème particulier sur la paroisse tous les deux ans et donne lieu à une publication. Casiano Floristan peut établir une bibliographie commentée de 262 ouvrages consacrés à la paroisse – dont 240 ont été publiés entre 1945 et l'ouverture du concile Vatican II en 1962 – dans l'édition française de 1963 de son livre *La paroisse, communauté eucharistique*.

Pie XII a fait de la paroisse un de ses sujets de prédilection. Il considère que « la paroisse est dans l'Église du Christ la première communauté de vie chrétienne, communauté à la taille humaine, telle que le berger puisse connaître ses brebis et les brebis leur berger[19] ». Elle est irremplaçable.

À la veille du concile Vatican II, Pierre Bailby, curé de Saint-Pierre de Neuilly-sur-Seine, rappelle à la fois le caractère indispensable des paroisses et le besoin d'un souffle nouveau :

18. Georges Michonneau, *Paroisse, communauté missionnaire*, *op. cit.*, p. 455.

19. Franz Dander, « Textes pontificaux sur la paroisse ». In Hugo Rahner, *La paroisse, de la théologie à la pratique*, Cerf, Paris, 1961, p. 10.

> Si la paroisse disparaissait, par quoi la remplacerait-on ? Source inépuisable des sacrements, fontaine permanente où les âmes s'abreuvent à la vie authentiquement divine, la paroisse est indispensable. Rien ne paraît pouvoir suppléer à sa disparition. Que beaucoup d'entre elles ne soient plus ce qu'elles devraient être, c'est indubitable. Mais qu'on leur fasse confiance encore ! Leur renouveau est possible[20].

Au même moment, Casiano Floristan affirme que « ce qui est hors de doute, à en juger par son histoire, c'est que la paroisse constitue pratiquement la pièce maîtresse de toute la vie apostolique du corps mystique du Christ » et que « la vie de l'Église étant pratiquement concentrée dans chacune de ses communautés paroissiales, on peut affirmer qu'une rénovation de la réalité et de l'idéal de la paroisse constitue une rénovation de toute l'Église[21] ».

Une grande espérance est placée dans un renouveau des paroisses.

Autour du concile Vatican II

Le concile Vatican II

Sur les soixante-dix schémas préparatoires du concile Vatican II, quatre sont consacrés de façon explicite et parfois exclusive à la paroisse. Tout portait alors à croire qu'elle occuperait une place de choix dans les travaux du Concile. L'allocution du pape Jean XXIII aux paroissiens de Castel Gandolfo le 15 août 1962 nourrissait ces espérances :

---

20. Pierre BAILBY, *Le curé et sa paroisse*, Librairie Arthème Fayard, coll. « Je sais - Je crois » n° 83, 8e partie : L'Église dans son organisation, Paris, 1961, p. 72.
21. Casiano FLORISTAN, *op. cit.*, p. 65.

> C'est spécialement sur les paroisses que le Concile œcuménique, par son travail rigoureux de préparation détaillée de l'épiscopat catholique rassemblé de tous les points du globe, jette sa vive lumière, préparant ainsi une refloraison d'activité paroissiale. [...] Les travaux préparatoires [...] consacrent en réalité une place d'honneur d'abord à la paroisse, puis au diocèse et aux problèmes de la vie sociale de l'Église. [...] Quelle douceur pour le pape de vous parler aujourd'hui de cette question de la paroisse, institution providentielle et irremplaçable[22].

Le Concile devait constituer l'aboutissement et le couronnement du mouvement paroissial. Après la première session, les pères conciliaires ont dû se rendre à l'évidence qu'ils ne pourraient pas traiter de manière détaillée les soixante-dix schémas préparés. Le nombre de schémas fut réduit à dix-sept. Les quatre schémas qui traitaient de la paroisse furent résumés dans le chapitre 5 du schéma intitulé alors « Les évêques et le gouvernement des diocèses ». Lors de la discussion sur celui-ci, les pères conciliaires décidèrent à la quasi-unanimité de retirer ce chapitre jugé trop technique et d'en confier la responsabilité à la commission postconciliaire chargée de la réforme du Code de droit canonique[23]. Le décret qui résulte de ce schéma s'intitule « La charge pastorale des évêques ». La paroisse et le curé occupent le paragraphe 3 du chapitre 2 intitulé « le clergé diocésain ». Les numéros 30 à 32 de ce décret constituent l'essentiel de ce que le concile

22. Allocution du Saint-Père en la fête de l'Assomption 1962, *Documentation catholique* 1962, col. 1091.

23. Cf. René Metz, « La paroisse en France à l'époque moderne et contemporaine. Du concile de Trente à Vatican II. Les nouvelles orientations », Deuxième partie, *op. cit.*, p. 12-13.

Vatican II dit de la paroisse et de son curé. D'autres documents conciliaires en font quelques mentions passagères, en particulier la constitution sur la liturgie (n° 42), le décret sur l'apostolat des laïcs (n° 10 et 30) et le décret sur la formation des prêtres (n° 2). On est bien loin des quatre schémas initiaux.

Ceux qui espéraient un renouveau provoqué par le Concile ont connu une grande déception que traduit René Metz. Il juge que « sans s'en rendre compte, les pères du Concile ont pratiquement tiré un trait sur le passé : ils ont livré, sans le savoir, la paroisse traditionnelle à son propre sort et l'ont condamnée à mourir[24] ». Il cherche à comprendre le choix des pères conciliaires, supposant qu'ils ont fondé leur jugement sur le florissant mouvement paroissial qui semblait avoir tout dit. René Metz porte dix ans plus tard ce jugement :

> Le Concile a pour ainsi dire enterré la paroisse traditionnelle. Il n'a pas eu le prophétisme voulu pour ouvrir la paroisse à l'avenir et, de la sorte, la sauver. N'ayant rien fait, ni rien prévu pour elle, le Concile a risqué de condamner la paroisse à mourir de sa belle mort. Certes, nous avons la conviction que la paroisse ne mourra pas ; mais si elle survit aux difficultés actuelles sous une forme que nous ne pouvons pas encore prévoir, cela n'aura pas été le mérite du concile de Vatican II[25].

Même s'il ne s'agit souvent que d'allusions comme le note, déçu, René Metz, il faut relever l'affirmation du Concile qui s'inscrit dans l'élan du mouvement paroissial

24. *Ibid.*, p. 14.
25. *Ibid.*, p. 15.

et des intuitions de dom Wintersig : « La paroisse offre un exemple remarquable d'apostolat communautaire, car elle rassemble dans l'unité tout ce qui se trouve en elle de diversités humaines et elle les insère dans l'universalité de l'Église[26]. »

L'après-Concile

À la sortie du Concile, le rédemptoriste Clément Dillenschneider, recteur du scolasticat de la province de Strasbourg, pressent l'urgence pour la paroisse de retrouver le souffle de l'Esprit Saint : « Une revalorisation de la paroisse n'est possible que si elle retrouve sa transcendance, son aspect intérieur et pneumatique, qui fut le sien aux origines[27]. » Hélas, le souffle lui manque et elle connaît une crise en deux phases, une première quant à son territoire, une deuxième qui la conteste.

Le chanoine Connan, que nous avons déjà mentionné en raison de son organisation d'un colloque européen des paroisses, publie en 1966 *Demain, la paroisse* avec son vicaire Jean-Claude Barreau. Il s'interroge sur la taille idéale de la paroisse. « La communauté locale n'est pas une subdivision territoriale de l'Église universelle ; c'en est une manifestation au plan local, une "épiphanie"[28] ! » écrit-il. Il identifie cinq directions pour un renouveau : la liturgie, la charité (au sens de fraternité et d'entraide), le catéchuménat (avec la catéchèse et la prédication), l'œcuménisme et la mission. Il est indispensable pour Francis Connan de repenser la taille des paroisses de

26. Concile Vatican II, *Apostolicam Actuositatem*, n° 10b.

27. Clément Dillenschneider, *La paroisse et son curé dans le mystère de l'Église*, Alsatia, Paris, 1965, p. 24-25. « Pneumatique » signifie « qui a rapport à l'action de l'Esprit Saint ».

28. Francis Connan et Jean-Claude Barreau, *Demain, la paroisse*, Seuil, Paris, 1966, p. 75.

sorte qu'elles soient en capacité d'accomplir toutes les tâches de la mission de l'Église. Il s'inscrit dans la suite de ceux qui depuis le début du mouvement paroissial réfléchissent à sa taille idéale pour la mission. Quand ceux-ci prônaient le regroupement de petites paroisses et la subdivision de celles qui n'avaient plus de dimension humaine, Francis Connan pense plutôt une paroisse « englobante » en vue de la mission, une super-paroisse comprenant 100 000 à 300 000 habitants, prise en charge par un *presbyterium* unique ayant la charge de plusieurs lieux de culte. On est loin du curé, bon pasteur qui connaît ses brebis. Sa réflexion quant à une mutation profonde des paroisses n'avait pas été anticipée par le Concile. Elle trouve pourtant un large écho.

Après 1968, la crise devient plus profonde : l'institution paroissiale est elle-même contestée. On veut la « non-paroisse ». Le journaliste et historien Philippe Boitel note en 1971 que « la présence et l'action de l'Église par le relais de la paroisse – qui hier n'était pas contestée – est aujourd'hui partout remise en cause[29] ». Il ajoute que « la multiplication des petites communautés remet également en cause les structures de la paroisse et pourrait conduire au "dépérissement" de la paroisse traditionnelle[30] ». Ces *communautés de base* qui se sont fortement multipliées après 1968 contestent le bien-fondé de la paroisse et prônent sa suppression. Roger Mehl, doyen de la faculté de théologie protestante de l'université de Strasbourg, analyse sans les partager les protestations de ces groupes qui visent tant les protestants que les catholiques :

29. Philippe Boitel, « Quelles églises pour demain ? », *Informations catholiques internationales*, 388 (15 juillet 1971), p. 26.
30. *Ibid.*, p. 27.

> La critique des groupes informels porte essentiellement sur le caractère introverti [de la paroisse]. La paroisse est une société marginale et qui accepte de l'être. […] Dans la meilleure hypothèse, elle cherche à s'édifier elle-même et à marquer les frontières vis-à-vis du « monde ». Sa composition sociale est telle qu'on y retrouve surtout des personnes âgées, des enfants, des adolescents, des personnes n'appartenant pas à la population active ou des hommes et des femmes qui, bien qu'actifs, attendent surtout de l'Église une sorte de sécurisation. Ils veulent qu'elle soit un refuge, à l'abri des luttes du monde, où ils puissent vivre une piété purement individuelle et cultiver une vie intérieure abstraite. Cette paroisse, repliée sur elle-même, où le ministère pastoral s'exerce dans une prédication intemporelle et dans une cure d'âmes qui ne s'intéresse qu'aux petits problèmes individuels et conjugaux, apparaît aux groupes informels comme une réalité condamnée à dépérir. Seul un véritable engagement dans les luttes de notre temps pourrait la sauver, mais manifestement elle en est incapable[31].

Roger Mehl nous offre ici une juste synthèse de la contestation paroissiale par les groupes informels ou communautés de base qui rejettent aussi le principe hiérarchique de l'institution ecclésiastique. Ces groupes ont certainement trouvé dans leur expérience de foi vécue en communauté des éléments qui manquaient dans leurs paroisses respectives et dont ils dénoncent vigoureusement l'absence. Il y a cependant chez ces groupes une remise en cause de la manière dont l'Église se conçoit.

---

31. Roger Mehl, « Les groupes informels dans l'Église. Un point de vue protestant ». In *Les groupes informels dans l'Église*, Cerdic-Publications, coll. « Hommes et Église », 1971, p. 238.

Alors que certains pensent que la paroisse comme institution territoriale de base du christianisme est morte, le chanoine Connan déclarait en 1973 après le VIIe Colloque européen des paroisses à Heerlen aux Pays-Bas : « Il ne s'agit pas pour moi de défendre une cause perdue, mais de permettre aux paroisses de jouer le moins mal possible leur rôle. Demain, nos paroisses sont appelées à devenir les cathédrales des communautés locales[32]. » En choisissant ce terme de cathédrale qui correspond à son désir de « super-paroisses », il retrouve sans le vouloir ce que les paroisses ont pu être à la fin du premier millénaire, avec un curé dont la figure est l'évêque.

La conversion des paroisses

Le concile Vatican II ne donne pas de définition de la paroisse. Le Code de droit canonique de 1983 en donne une nouvelle qui ne s'appuie plus sur le principe territorial du Code de 1917, mais sur un double principe communautaire et pastoral (dans un sens hiérarchique) :

> La paroisse est la communauté précise de fidèles qui est constituée d'une manière stable dans l'Église particulière, et dont la charge pastorale est confiée au curé, comme à son pasteur propre, sous l'autorité de l'évêque diocésain[33].

La réponse la plus complète à la crise de la paroisse précédemment évoquée est apportée avec une grande clarté en 1984 par saint Jean-Paul II dans une allocution

32. Déclaration de Francis Connan au correspondant du journal *Le Monde*, 11 juillet 1973.
33. *CIC* 515 § 1.

à l'assemblée plénière de la Congrégation pour le clergé. Son allocution est intitulée : « Réaffirmer l'importance de la paroisse ». Le pape déclare :

> La paroisse est la première communauté ecclésiale : après la famille, elle est la première école de la foi, de la prière et des mœurs chrétiennes ; elle est le premier champ de la charité ecclésiale ; le premier organe de l'action pastorale et sociale ; le terrain le plus adapté pour faire éclore les vocations sacerdotales et religieuses ; le siège premier de la catéchèse. Pour toutes ces raisons, parlant de l'importance de la paroisse pour la catéchèse, je m'exprimais ainsi dans l'exhortation apostolique *Catechesi tradendæ* : « Qu'on le veuille ou non, la paroisse demeure, reste un point de référence capital pour le peuple chrétien et aussi pour les non-pratiquants » (n° 67)[34].

Il ne néglige pas la question posée par les communautés de base :

> Les dangers auxquels ces nouvelles formes communautaires sont facilement exposées sont bien connus, mais celui qui domine est surtout de se considérer comme l'unique manière d'être l'Église : d'où la tendance à se détacher de l'Église institutionnelle au nom de la simplicité et de l'authenticité de la vie vécue dans l'esprit de l'Évangile. Les pasteurs auront à faire un effort pour que les paroisses puissent profiter de l'apport des valeurs positives que ces communautés peuvent contenir et, donc, s'ouvrir à elles. Mais qu'il

34. Saint Jean-Paul II, « Réaffirmer l'importance de la paroisse », Allocution à l'assemblée plénière de la Congrégation pour le clergé, le 20 octobre 1984, n° 3.

> demeure bien clair que ces communautés ne peuvent pas se placer sur le même plan que les communautés paroissiales, comme des alternatives possibles. Elles ont, au contraire, le devoir d'accomplir leur service dans la paroisse et dans l'Église particulière[35].

Quatre ans plus tard, dans son exhortation sur la vocation et la mission des fidèles laïcs[36], saint Jean-Paul II appelle à une redécouverte du « vrai visage de la paroisse » qui « vit une époque nouvelle et prometteuse ». Avec les pères du Synode, il appelle à ce « que [les paroisses] se renouvellent résolument » :

> Tout en ayant une dimension universelle, la communion ecclésiale trouve son expression la plus immédiate et la plus visible dans la paroisse : celle-ci est le dernier degré de la localisation de l'Église ; c'est, en un certain sens, l'Église elle-même qui vit au milieu des maisons de ses fils et de ses filles.
>
> Nous devons tous redécouvrir, dans la foi, le vrai visage de la paroisse, c'est-à-dire le « mystère » même de l'Église présente et agissante en elle. Si parfois elle n'est pas riche de personnes et de moyens, si même elle est parfois dispersée sur des territoires immenses, ou indiscernable au milieu de quartiers modernes populeux et confus, la paroisse n'est pas, en premier lieu, une structure, un territoire, un édifice ; c'est avant tout « la famille de Dieu, fraternité qui n'a qu'une âme ». C'est « une maison de famille, fraternelle et accueillante » ; c'est « la communauté des fidèles ».

35. *Ibid.*, n° 7.

36. Saint Jean-Paul II, *Christifideles Laici*, 1988, n° 26. Les citations de ce paragraphe en sont toutes extraites.

> En définitive, la paroisse est fondée sur une réalité théologique, car c'est une communauté eucharistique. Cela signifie que c'est une communauté apte à célébrer l'eucharistie, en qui se trouvent la racine vivante de sa constitution et de sa croissance et le lien sacramentel de son être en pleine communion avec toute l'Église. Cette aptitude se fonde sur le fait que la paroisse est une communauté de foi et une communauté organique, c'est-à-dire constituée par des ministres ordonnés et par les autres chrétiens, sous la responsabilité d'un curé qui, représentant l'évêque du diocèse, est le lien hiérarchique avec toute l'Église particulière[37].

L'attention à la paroisse se traduit aussi quelques années plus tard, en 2002, par la publication par la Congrégation pour le clergé d'une longue instruction concernant le prêtre en tant que curé : *Le prêtre, pasteur et guide de la communauté paroissiale*. Même si le mot « curé » n'apparaît pas dans le titre, il s'agit d'une des plus belles synthèses magistérielles concernant l'identité et la mission du curé. Nous serons amenés à y revenir largement par la suite.

Dans son exhortation apostolique *Evangelii Gaudium*, qu'il a voulue programmatique, le pape François souligne à son tour l'importance de la paroisse dont il désire la conversion missionnaire et pastorale. Il ne s'arrête pas sur son éventuel redécoupage, comme pour souligner que la conversion est d'abord intérieure à la paroisse. Il choisit de parler de la paroisse, « présence ecclésiale

---

37. *Ibid.* Le pape cite *Lumen Gentium*, n° 28 et *CIC* 515 § 1. Il faudrait reprendre l'intégralité de *Christifideles Laici*, n° 26-27.

sur le territoire[38] », avant de parler du diocèse, « Église incarnée en un espace déterminé, dotée de tous les moyens de salut donnés par le Christ, mais avec un visage local[39] ». Il consacre à la paroisse un paragraphe qu'il est bon de lire une première fois dans son intégralité :

> La paroisse n'est pas une structure caduque ; précisément parce qu'elle a une grande plasticité, elle peut prendre des formes très diverses qui demandent la docilité et la créativité missionnaire du pasteur et de la communauté. Même si, certainement, elle n'est pas l'unique institution évangélisatrice, si elle est capable de se réformer et de s'adapter constamment, elle continuera à être « l'Église elle-même qui vit au milieu des maisons de ses fils et de ses filles[40] ». Cela suppose que réellement elle soit en contact avec les familles et avec la vie du peuple et ne devienne pas une structure prolixe séparée des gens, ou un groupe d'élus qui se regardent eux-mêmes. La paroisse est présence ecclésiale sur le territoire, lieu de l'écoute de la Parole, de la croissance de la vie chrétienne, du dialogue, de l'annonce, de la charité généreuse, de l'adoration et de la célébration. À travers toutes ses activités, la paroisse encourage et forme ses membres pour qu'ils soient des agents de l'évangélisation. Elle est communauté de communautés, sanctuaire où les assoiffés viennent boire pour continuer à marcher, et centre d'un constant envoi missionnaire. Mais nous devons reconnaître que l'appel à la révision et au renouveau des paroisses n'a pas encore donné

38. Pape François, *Evangelii Gaudium*, 2013, n° 28.
39. *Ibid.*, n° 30.
40. Saint Jean-Paul II, *Christifideles Laici*, n° 26.

> de fruits suffisants pour qu'elles soient encore plus proches des gens, qu'elles soient des lieux de communion vivante et de participation, et qu'elles s'orientent complètement vers la mission[41].

En 2020, la Congrégation pour le clergé publie une instruction, dans la ligne du pape, afin de donner un cadre pour que les paroisses se mettent en mouvement : *La conversion pastorale de la communauté paroissiale au service de la mission évangélisatrice de l'Église*. Cette instruction peut stimuler un mouvement perceptible en France où de nombreux curés avaient déjà entamé avec leur paroisse la conversion missionnaire et pastorale désirée par le pape François. Les associations Alpha et Talenthéo proposaient aux prêtres entre 2012 et 2021 un cycle de formation intitulé « Des Pasteurs selon mon cœur », auquel ont participé plus de neuf cents prêtres. Le Congrès Mission, sorte de salon national de l'évangélisation, au cours duquel se partagent de multiples expériences, est aussi un signe de la vitalité et du potentiel des paroisses françaises.

En survolant l'histoire de la paroisse, nous voyons apparaître un mot qui la définit de plus en plus, jusque dans le nouveau Code de droit canonique : elle est une communauté. Deux qualificatifs aident à définir cette communauté dont la charge pastorale est confiée à un curé. De même que tout chrétien doit être un disciple missionnaire, pour reprendre une expression chère au pape François, uni au Christ et tourné vers les autres pour témoigner de lui, toute communauté paroissiale doit être eucharistique et missionnaire.

---

41. Pape François, *Evangelii Gaudium*, n° 28.

2
La paroisse, communauté eucharistique

La paroisse rassemble dans l'église les fidèles, disciples du Christ, en particulier pour l'eucharistie, source et sommet de toute la vie chrétienne. Elle est une communauté eucharistique.

Nous avons vu que la paroisse s'est constituée dans les premiers siècles pour que les fidèles puissent participer à une messe célébrée par un prêtre, même si cette réalité n'était pas formulée en ces termes. Il n'était ainsi plus nécessaire, pour ceux qui étaient loin, de rejoindre la ville pour la célébration de l'eucharistie avec l'évêque. La dimension eucharistique est, par conséquent, une dimension première quant à l'histoire de la paroisse. Aujourd'hui encore, il est évident pour beaucoup de non-croyants que la paroisse est le lieu de la messe. En effet, ce qui est le plus visible extérieurement, c'est que l'église paroissiale est le lieu du rassemblement cultuel, et en particulier eucharistique. Les cloches qui sonnent le rassemblement dominical le rappellent.

Saint Jean-Paul II a fait sienne l'expression « communauté eucharistique » pour parler de la paroisse, comme le révélait l'exhortation *Chrisifideles laici*. Il lie naturellement cette dimension eucharistique à la dimension hiérarchique vécue à travers le curé. Le lien à l'évêque, pasteur du diocèse dont fait partie la paroisse, est essentiel. Lorsque les Églises particulières sont devenues trop grandes pour se retrouver en une seule assemblée liturgique, le rite du *fermentum* rappelait la dépendance de l'assemblée présidée par un prêtre à celle présidée par l'évêque : un diacre apportait une parcelle d'hostie consacrée par l'évêque que le prêtre mettait dans le calice qu'il venait de consacrer. Il n'y avait ainsi qu'une seule communauté eucharistique. Le concile Vatican II, dans la fidélité aux Pères de l'Église, rappelle cette dimension hiérarchique indispensable :

> Chaque fois qu'ils célèbrent un de ces sacrements – comme l'attestait déjà, aux premiers temps de l'Église, saint Ignace d'Antioche –, les prêtres sont, de diverses manières, hiérarchiquement rattachés à l'évêque, assurant ainsi en quelque sorte sa présence dans chacune des communautés chrétiennes[1].

Parler de l'eucharistie signifie toujours parler d'un mystère qui nous dépasse. Trois axes essentiels se présentent pour entrer dans ce mystère et appréhender la paroisse en tant que communauté eucharistique. Le premier axe concerne la célébration elle-même et le culte rendu à l'eucharistie. Il nous faut ensuite regarder le fruit de l'eucharistie qui est la charité et comment ce fruit se manifeste dans la communauté. Enfin, puisque l'eucharistie situe les fidèles dans l'attente des biens à venir, il s'agit de voir comment l'eucharistie fait de la paroisse une communauté eschatologique.

---

1. Concile Vatican II, *Presbyterorum Ordinis*, n° 5.

La paroisse, communauté de culte

L'eucharistie, nous l'avons dit, est la source et le sommet de la vie chrétienne. Ceci amène le Concile à en tirer une conséquence pratique pour les curés : « Les curés veilleront à ce que la célébration du sacrifice eucharistique soit le centre et le sommet de toute la vie de la communauté chrétienne[2]. » Sauf cas particulier, cette communauté est constituée de gens très différents qui ont comme point commun d'être catholiques et d'habiter sur un même territoire. Cette diversité est une des forces du système paroissial, en particulier au moment où les réseaux sociaux favorisent les regroupements par affinités. Les rares exceptions sont les paroisses personnelles qui rassemblent des fidèles par langue, par rite ou par toute autre catégorie selon le discernement de l'évêque[3].

« L'Église fait l'eucharistie, l'eucharistie fait l'Église » aimait à dire le théologien Henri de Lubac. Cet adage s'applique à l'Église universelle et à chaque Église particulière que sont les diocèses. Il rejoint aussi chaque paroisse.

La célébration de l'eucharistie

En parlant d'eucharistie, nous ne nous limitons pas à la liturgie eucharistique, mais nous parlons de la totalité de l'acte cultuel, qui se déroule en deux grands moments comme le rappelle le concile Vatican II : la liturgie de la Parole et la liturgie eucharistique.

---

2. Concile Vatican II, *Christus Dominus*, n° 30.

3. Pour ne retenir qu'un exemple, nous pouvons mentionner la paroisse des étudiants à Toulouse. La paroisse a un curé nommé et installé par l'évêque. Elle est structurée autour d'une dizaine d'aumôneries et de soixante-dix groupes. La messe en semaine est célébrée à Saint-Pierre-des-Chartreux et le dimanche à Notre-Dame-La-Daurade.

Pour bien comprendre l'eucharistie, il nous faut puiser dans les racines juives de la messe. Jésus a été un juif pratiquant. Nous découvrons dans l'Évangile trois liturgies auxquelles Jésus a participé : celle de la synagogue le jour du sabbat, celle du Temple qu'il fréquente quand il se trouve à Jérusalem et celle du repas que nous retrouvons quand il institue l'eucharistie le Jeudi saint.

Ces trois liturgies juives connues de Jésus et des premiers chrétiens d'origine juive ont imprégné notre liturgie chrétienne et en particulier la messe. Il est bien sûr difficile de faire correspondre parfaitement chacune de ces liturgies à une partie de la messe tant elles s'entrecroisent. Cependant, nous pouvons constater qu'à la liturgie de la synagogue correspond la liturgie de la Parole, à la liturgie du Temple correspond la liturgie eucharistique jusqu'à la fin de la prière eucharistique et à la liturgie domestique correspond la liturgie de communion (appelée « rite de la communion » dans le *Missel romain*). Nous allons reprendre ces trois liturgies qui nous disent ce qu'est une communauté eucharistique : une communauté qui écoute, qui offre et qui reçoit.

La liturgie de la Parole

Elle fait partie intégrante de la messe. La communauté se rassemble pour écouter son Seigneur et lui répondre. Elle accomplit ainsi le commandement de Dieu : « Écoute » (Dt 6,4). L'Église sait que « la foi vient de ce que l'on entend, et [que l']on entend par une parole du Christ[4] » (Rm 10,17). Une communauté eucharistique est une communauté qui écoute la Parole de son Seigneur, jusqu'au moment de la transsubstantiation, puisque c'est quand le prêtre prononce les paroles mêmes de Jésus que

4. Traduction de la Bible Osty.

celui-ci est présent vraiment, réellement et substantiellement. À ce moment très précis, la foi naît encore de l'écoute comme le rappelle saint Thomas d'Aquin dans l'*Adoro Te Devote*, car nos sens défaillent devant ce mystère et seule l'ouïe nous dit que le corps et le sang de Jésus sont là sur l'autel : « La vue, le goût, le toucher, font ici défaut, mais t'écouter seulement fonde la certitude de foi. »

L'écoute est par conséquent essentielle. On ne peut que déplorer avec saint Jérôme que des parcelles de la Parole tombent à terre si facilement :

> Le vrai corps du Christ et son vrai sang, c'est aussi la Parole des Écritures, la doctrine divine. Quand nous allons aux saints mystères, si une parcelle vient à tomber, nous sommes inquiets. Quand nous entendons la parole de Dieu, si nous pensons à autre chose pendant qu'elle entre dans nos oreilles, quelle responsabilité n'encourrons-nous pas[5] ?

La liturgie de la Parole est ce moment où la communauté rassemblée entend une même Parole pour être nourrie et se laisser convertir. Certes, les fidèles sont confrontés à la parole de Dieu à d'autres moments. Mais à ce moment de la messe, ils l'écoutent ensemble en étant à une même table. Chaque dimanche, l'Église célèbre la résurrection du Seigneur. La Parole est alors proclamée avant tout dans une perspective kérygmatique pour que les catéchumènes, rassemblés à ce moment-là avec les fidèles, adhèrent à la foi en découvrant le Christ mort et ressuscité. La Parole est proclamée aussi pour que la communauté et chacun de ses membres s'engagent sur un chemin de conversion toujours actuelle, dans un exercice continuel

5. Saint Jérôme, *Traité sur les Psaumes*, 147, 14.

de retour au Christ. C'est par sa Parole que le Seigneur dit à une communauté et à chacun de ses membres comment vivre le « Viens, suis-moi » (Mc 10,21).

Toute l'Église entend la même Parole puisque la communauté paroissiale ne choisit pas les textes de l'Écriture qu'elle veut entendre. Elle les reçoit de l'Église. Cependant, à travers l'homélie du prêtre (ou du diacre), normalement spécifique, et la prière universelle, souvent préparée localement, le dialogue déployé avec le Seigneur dans la liturgie de la Parole a un caractère unique pour la communauté paroissiale. Figure de l'Église universelle, elle est l'épouse qui écoute son Époux et lui répond. Elle est la bien-aimée qui dialogue avec son Bien-aimé, comme dans le Cantique des cantiques. Dans une lecture spirituelle des Écritures, la bien-aimée peut être comprise comme l'âme du fidèle. Elle peut aussi être interprétée dans une lecture figurative ou allégorique comme l'image de l'Église, et donc, pour nous ici, de la communauté paroissiale qui la représente.

Bien qu'il soit absent du lectionnaire dominical, le Cantique des cantiques illustre parfaitement ce qui se joue dans la liturgie de la Parole : « J'entends mon bien-aimé » peut s'exclamer la bien-aimée (Ct 2,8). Le Cantique annonce déjà dans ses dialogues ce qui s'accomplira dans la liturgie eucharistique : « Mon bien-aimé est à moi, et moi à lui » (Ct 2,16). Dans la liturgie de la Parole, les fidèles et la communauté sont invités à ne pas avoir une écoute passive, mais à s'engager à l'image de la bien-aimée du Cantique. Ce ne sont pas de simples textes du passé qui sont adressés à l'assemblée. C'est le Verbe de Dieu qui se rend réellement présent et que la communauté acclame après la proclamation de l'Évangile : « Louange à toi, Seigneur Jésus. » Le Seigneur redit à son Église l'amour qu'il a pour elle et ses conséquences. Elle est invitée à lui ouvrir son cœur, à se rendre disponible à celui qui veut se faire désirer, tel ce bien-aimé qui se dérobe : « J'ai ouvert à mon bien-aimé, mais tournant le dos, il avait disparu ! » (Ct 5,6). Dans la liturgie de la Parole, le Seigneur n'installe pas son Église dans une situation confortable, comme s'il l'invitait à demeurer ainsi. Il suscite en elle et en chacun un désir qui met en mouvement. Souvent, nous sommes tentés de limiter ce mouvement à la perspective morale de l'accueil de la Parole. Celle-ci ne doit pas faire oublier que le mouvement suscité est aussi orienté vers Dieu, car c'est lui qui est visé, y compris quand il s'agit d'aimer le prochain. Grâce à la figure de la bien-aimée du Cantique des cantiques, nous comprenons que la communauté paroissiale fait corps quand elle reçoit la Parole et y répond. Certes, il y a bien une démarche personnelle et le Seigneur s'adresse aussi à chacun. Mais il est important de souligner la dimension ecclésiale de l'écoute de la Parole, en particulier à une époque où l'on est facilement tenté par une forme d'individualisme dans les démarches de foi. En réponse à la Parole, ce ne sont donc pas seulement les fidèles, mais bien la communauté dans son ensemble qui est entraînée dans un mouvement de recherche plus intense du Seigneur pour mieux l'aimer et aimer le prochain.

La liturgie de la Parole est une liturgie de l'amour, un dialogue amoureux qui engendre l'amour.

La liturgie eucharistique, liturgie sacrificielle

En Dieu, tout est amour, puisqu'il « est amour » (1Jn 4,8). La liturgie eucharistique plonge les fidèles dans ce même mystère tant dans sa dimension sacrificielle où elle actualise l'unique sacrifice de la croix, sacrifice du « Fils envoyé en victime de propitiation pour nos péchés » (1Jn 4,10), que dans sa dimension de communion qui conduit à ce « que nous vivions par lui, [le Fils, l'Unique] » (1Jn 4,9).

Le sacrifice du Christ a été préfiguré par les sacrifices du Temple. Comme le dit si bien la 5e préface de Pâques, « par l'offrande de son corps, le Christ mène à leur achèvement, dans la vérité de la croix, les sacrifices de l'ancienne Alliance ». Ceux-ci n'ont plus de sens maintenant que le voile s'est déchiré et que tout est accompli. N'y a-t-il plus rien à offrir au Seigneur ? Si. Car tout vient de lui et lui revient. Mais cette offrande se réalise en se laissant librement associer à l'offrande du Christ pour ne faire par lui plus qu'un avec lui et en lui. Le sacrifice du Christ est alors aussi le sacrifice de l'Église. Puisque le sacrifice rédempteur du Christ est « représenté » au sens de « rendu présent » et que ce sacrifice est signifié et réalisé par la consécration, l'Église, corps du Christ, est invitée à être intimement unie au Christ dans la dynamique de cette offrande qu'il réalise. Dans cet acte d'offrande se vit l'unité de l'Église, et, par analogie, de la communauté paroissiale.

« Une fois élevé de terre, j'attirerai tous les hommes à moi » dit Jésus (Jn 12,32). Puisqu'il a été élevé sur l'autel de la croix et que cette élévation se prolonge dans l'eucharistie, c'est là qu'il nous attire et nous élève encore. « Élevons notre cœur » invite le prêtre dans le dialogue de la préface pour que, tournés vers le Seigneur, nous soyons libérés de ce qui nous retient à la terre et qu'ainsi nous puissions nous offrir tout entiers au Seigneur.

Qu'avons-nous à ajouter au sacrifice du Christ ? Ce sacrifice n'a pas à être renouvelé. Serait-il incomplet ? Certes, il s'agit bien du « sacrifice parfait » comme nous le disons dans la prière eucharistique n° 1. Mais il s'agit de nous unir personnellement et dans l'unité de l'Église à ce sacrifice pour être nous aussi, « par lui, avec lui et en lui », élevés. Saint Paul le développe en ces termes :

« Je vous exhorte donc, frères, par la miséricorde de Dieu, à offrir vos personnes en hostie vivante, sainte, agréable à Dieu : c'est là le culte spirituel que vous avez à rendre » (Rm 12,1). C'est donc notre personne que nous amenons à l'autel avec ces offrandes pour que notre vie devienne « sacrée » par ce sacrifice.

Il y a un mouvement d'élévation qui nous tire de notre place pour nous porter sur l'autel avec le Christ et être conduits avec lui au Ciel. Par conséquent, il ne s'agit pas d'être spectateurs de cette liturgie sacrificielle, mais d'en être acteurs. « Jésus attend que nous l'accompagnions dans son sacrifice, que nous n'ayons pas peur de collaborer avec lui à l'application des fruits de la rédemption[6]. » D'un point de vue pastoral, il serait probablement utile de composer davantage de chants d'offertoire en français qui aident la communauté à entrer dans cette dynamique. « Vous-mêmes, comme pierres vivantes, prêtez-vous à l'édification d'un édifice spirituel, pour un sacerdoce saint, en vue d'offrir des sacrifices spirituels, agréables à Dieu par Jésus Christ », disait saint Pierre (1P 2,5). Des chants d'offertoire peuvent aider les fidèles à se préparer à ce sacrifice d'eux-mêmes, unis à celui du Christ, pour vivre ce mouvement d'élévation de leurs cœurs et aller de la terre au Ciel. Cela contribuerait à faire des paroisses de véritables communautés eucharistiques.

Il serait bon aussi de pouvoir réfléchir de manière non passionnée à la question de l'orientation de cette partie de la messe, prévue par le *Missel romain*. La prière est incarnée : nous prions avec notre corps. L'orientation intérieure de l'eucharistie est appelée à s'exprimer au travers des attitudes extérieures appropriées.

6. Xavier Echevarria, *Vivre la sainte messe*, Le Laurier, Paris, 2010, p. 110.

« Le Christ s'est livré pour nous, s'offrant à Dieu en sacrifice » écrit saint Paul (Ep 5,2). Cette offrande du Christ au Père dans l'Esprit, qui est celle du mystère pascal, est actualisée dans chaque eucharistie. Il s'offre au Père et livre ainsi son corps pour nous. Avec lui, nous sommes tournés vers le Père. Nous tourner vers le Seigneur est le propre de la conversion. Les fidèles – prêtre et laïcs – peuvent alors entrer dans une attitude de communion avec le Christ qui s'offre au Père et avec qui ils sont appelés à devenir « une vivante offrande à la louange de [sa] gloire[7] ». À cela s'ajoute une démarche de rencontre avec le Christ qui vient et d'adoration envers la sainte Trinité.

En étant du même côté de l'autel que les fidèles laïcs, le prêtre exprime qu'il est membre de cette communauté qui chemine dans cette triple attitude (communion dans l'offrande du Christ au Père, rencontre du Christ qui vient, adoration de la sainte Trinité). Il est le pasteur qui marche en avant de son troupeau. Il ne lui tourne pas plus le dos qu'un chauffeur de bus ne tourne le dos à ses passagers. Alors que la liturgie de la Parole se déploie face au peuple à qui cette Parole est adressée, l'orientation commune du prêtre et de l'assemblée dans la prière eucharistique décentrerait le regard du prêtre, diminuant le risque de cléricalisation de celui qui doit s'effacer devant l'autel et le mystère célébré. Cela soulignerait qu'il ne s'adresse plus à sa communauté à ce moment, face à elle, mais au Père vers qui il se tourne et à qui il veut s'offrir avec toute sa communauté paroissiale, dans un mouvement eucharistique.

La liturgie eucharistique, liturgie de communion

En prononçant le *Notre Père*, « nous sommes maintenant au Ciel avec lui, après avoir élevé notre

7. Prière eucharistique n° 4.

cœur[8] ». Nous entrons dans ce que le *Missel* appelle le rite de la communion, et que nous voudrions appeler ici la liturgie de communion. Il ne s'agit pas simplement d'une communion entre les personnes présentes. Celle-ci va tirer sa source précisément de la communion avec Dieu qui réalise la communion ecclésiale et donc paroissiale.

Nous pouvons discerner trois rites de communion : la prière du *Notre Père*, le rite de paix et la communion sacramentelle.

Il est intéressant de constater que le *Missel romain* situe le début du rite de la communion à la prière du *Notre Père*. La prière eucharistique achevée, l'assemblée est invitée par le prêtre à s'adresser avec lui au Père avec les mots appris aux disciples par Jésus. C'est avec le Père que l'assemblée est en communion. Cette prière commune, dite à la première personne du pluriel, permet aussi à tous les fidèles d'être en communion les uns avec les autres, y compris avec ceux qui les ont précédés : nous allons ensemble au Ciel. La prière du *Notre Père* introduit chacun dans la communion non seulement avec Dieu mais encore avec l'Église du Ciel et de la terre.

Le deuxième rite est celui de la paix. Là encore, il s'agit d'abord d'une communion avec Dieu, source de toute paix : « Que la paix du Seigneur soit toujours avec vous. » Le prêtre peut choisir de prolonger ce geste par l'expression explicite de cette communion entre les fidèles par un geste de paix sobre. Cette paix qui se communique et établit la communion est bien celle du Christ.

La communion sacramentelle au Christ rendu réellement présent par la consécration, dans son corps, son sang, son âme et sa divinité, est le troisième rite de

8. Scott HAHN, *Le festin de l'Agneau. L'eucharistie, le Ciel sur la terre*, Éditions des Béatitudes, Nouan-le-Fuzelier, 2005, p. 75.

communion auquel conduit toute la messe. C'est un acte grave qui engage et qui nécessite la foi et de bonnes dispositions comme le rappelle saint Paul :

> Quiconque mange le pain ou boit la coupe du Seigneur indignement aura à répondre du corps et du sang du Seigneur. Que chacun donc s'éprouve soi-même, et qu'ainsi il mange de ce pain et boive de cette coupe ; car celui qui mange et boit, mange et boit sa propre condamnation, s'il ne discerne le corps (1Co 11,27-29).

La distinction de ces trois rites de communion est importante d'un point de vue pastoral. Elle permet de bien rappeler que les personnes qui ne peuvent pas communier sacramentellement ne sont coupées ni de la communion avec Dieu ni de la communion ecclésiale et donc paroissiale. Chacun appartient pleinement à la communauté eucharistique qu'est la paroisse. Beaucoup pensent exclusivement aux personnes divorcées puis remariées civilement. Sans juger à la place de Dieu, beaucoup d'autres fidèles sont dans la même situation quant à la non-communion sacramentelle. Il y a ceux qui vivent dans une situation ou dans un engagement non conforme à l'Évangile (quelqu'un qui appartient à une loge franc-maçonne par exemple). Il y a ceux qui discernent qu'ils ne peuvent pas communier ce jour-là (parce qu'ils ont un péché grave sur la conscience ou parce qu'ils ont entretenu volontairement toutes sortes de distractions pendant la messe par exemple). Il y a tous ceux qui ne se sont pas encore préparés à leur première communion… Tous les fidèles sont invités à découvrir que le *Notre Père* et le rite de paix sont aussi des rites de communion.

Grâce à ces trois rites, la paroisse reçoit sa communion de Dieu. Il fait d'elle une communauté.

Le culte eucharistique

Le culte eucharistique se poursuit au-delà de la messe. Le cœur de la paroisse est le tabernacle vers lequel les fidèles sont invités à se rendre régulièrement. Le pape François exhorte les baptisés à visiter le Christ « conservé dans nos églises, et souvent abandonné, pour parler filialement avec lui, pour l'écouter dans le silence et pour se confier tranquillement à lui[9] ». Le pape François encourage à une rencontre personnelle en dehors de la messe avec le Christ présent dans l'eucharistie. Le *Rituel du culte eucharistique en dehors de la messe* propose différentes manières communautaires de faire.

Beaucoup de paroisses développent de larges temps d'adoration eucharistique, voire des adorations continues ou perpétuelles. On observe aujourd'hui, en particulier chez les jeunes, un grand désir de temps d'adoration eucharistique.

Lors des Journées mondiales de la jeunesse de 2011 à Madrid, le pape Benoît XVI a offert aux deux millions de jeunes réunis un temps d'adoration qui a touché les cœurs. La tempête qui a eu lieu au début de cette veillée – dans ce site si bien nommé *Cuatro vientos*, quatre vents – a fait s'écrouler les tentes où se trouvaient les hosties qui devaient être consacrées pour la messe du lendemain. Très peu de personnes ont pu communier sacramentellement le dimanche, mais beaucoup de jeunes ont vécu la veille au soir une profonde communion spirituelle qui les a fait

9. Pape François, Lettre du 6 juillet 2016 en vue du congrès eucharistique italien.

grandir dans leur désir de vivre l'eucharistie avec le plus de foi et d'amour possible. C'est le but du culte eucharistique qui ne se détache pas de la messe, mais qui en provient et y renvoie. Dans une paroisse, le culte eucharistique est également indispensable : « Sans le culte eucharistique, comme son cœur brûlant, la paroisse se dessèche », écrivait saint Jean-Paul II[10].

Lors de la fête du Saint-Sacrement, avec l'accord de l'évêque, des paroisses organisent des processions à l'extérieur de l'église, allant souvent d'une église à une autre.

Avec tous les moyens qui s'offrent à eux, les pasteurs sont invités à éveiller dans le cœur des fidèles un amour toujours plus grand de l'eucharistie sans laquelle il n'y aurait pas de communauté paroissiale.

La paroisse, communauté de charité

Une communauté eucharistique est une communauté où l'eucharistie porte du fruit. Le fruit de l'eucharistie étant la charité, une communauté eucharistique est une communauté qui vit la charité qui vient de Dieu, une communauté où les œuvres découlent naturellement de la foi. « Montre-moi donc ta foi sans les œuvres ; moi, c'est par mes œuvres que je te montrerai la foi », écrit saint Jacques (Jc 2,18).

L'eucharistie, une nourriture pour un fruit

Au cours du banquet eucharistique, le Christ lui-même se donne en nourriture :

10. In Congrégation pour le clergé, *Le prêtre, pasteur et guide de la communauté paroissiale*, *op. cit.*, Introduction du pape saint Jean-Paul II, n° 3.

> Qui mange ma chair et boit mon sang a la vie éternelle et je le ressusciterai au dernier jour. Car ma chair est vraiment une nourriture et mon sang vraiment une boisson. Qui mange ma chair et boit mon sang demeure en moi et moi en lui (Jn 6,54-56).

Il prolonge alors avec ce repas le mouvement de l'Incarnation :

> [Jésus] déclare : « Le pain de Dieu, c'est celui qui descend du Ciel et qui donne la vie au monde » (Jn 6,35). Le don divin du pain coïncide avec le don de l'Incarnation. « Descendre du Ciel » et « donner la vie au monde » sont deux traits caractéristiques de l'Incarnation ; c'est le mot « pain » qui y fait reconnaître l'eucharistie. Dans la consécration eucharistique, le Fils descend du Ciel et dans le repas eucharistique il donne la vie au monde. Ainsi l'eucharistie ne cesse de renouveler la démarche de l'Incarnation[11].

Ce n'est pas un repas comme un autre, puisqu'il s'agit de manger la chair et de boire le sang du Christ mort et ressuscité, siégeant dans la gloire du Père. Pour ce repas, comme lors de l'Incarnation, le Ciel est présent sur la terre.

Sur terre « demeurent foi, espérance, charité, ces trois choses, mais la plus grande d'entre elles, c'est la charité » (1Co 13,13). Au Ciel, auprès de Dieu qui « est charité » (1Jn 4,16), ne demeurera que la charité qui « ne passera jamais » (1Co 13,8). L'eucharistie fait communier les fidèles aux réalités célestes, à cette charité qui en est le fruit. Celui-ci dépasse le temps de la célébration et

11. Conseil de présidence du grand jubilé de l'an 2000, *Eucharistie, sacrement de la vie nouvelle*, Fleurus-Mame, Paris, 1999, p. 100-101.

demeure quand les fidèles retournent dans le monde. La communion des fidèles à Dieu se prolonge quand ils exercent la charité produite en eux par l'eucharistie.

Une charité tournée vers la communauté

La charité s'exerce à l'intérieur et à l'extérieur de la communauté, sans négliger ni l'un ni l'autre, car elle n'est pas exclusive. La charité est parfois pensée à partir des œuvres tournées vers l'extérieur. Mais il ne faudrait pas oublier cette charité qui unit les fidèles entre eux. C'est une conséquence logique et immédiate du ressourcement vécu dans l'eucharistie. En 1947, le cardinal Feltin écrivait déjà :

> Ne considérer la paroisse que comme un centre de ravitaillement spirituel pour les pratiquants paraît être une erreur assez courante [...]. Le jour où les catholiques auront compris qu'une paroisse doit être, non seulement une communauté priante, mais aussi une communauté de frères qui s'aiment chrétiennement, un groupement où dominent la simplicité, la charité, en dehors de toute considération sociale, où « il n'y a plus ni esclave, ni homme libre », encore que chacun demeure en sa classe ou en sa condition, il y aura quelque chose de changé. Très vite, la paroisse redeviendra une communauté missionnaire[12].

Cette charité vécue dans la paroisse, et qui fait d'elle une communauté missionnaire, trouve sa source dans l'eucharistie, et donc dans le fait qu'elle est une

12. Cardinal Maurice Feltin, « Quelques réflexions sur la paroisse », *La Maison-Dieu*, 9, 1947, p. 110.

communauté eucharistique. Elle est essentielle au point qu'il considère, dans ce même article, qu'une des missions primordiales du curé est de créer ou de favoriser un grand courant de charité. « À ceci, tous reconnaîtront que vous êtes mes disciples : si vous avez de l'amour les uns pour les autres », disait Jésus après avoir lavé les pieds de ses disciples (Jn 13,35). Par les liens de la charité fraternelle, la communauté devient une famille paroissiale.

Une charité tournée vers l'extérieur

Les œuvres dites de charité sont regardées comme des organismes extérieurs présents auprès des paroisses quand le lien à l'eucharistie ou à la communauté n'est pas perceptible. Une communauté eucharistique est une communauté qui déploie la charité en son sein et au-delà de ses membres. En 1925, dom Wintersig écrivait déjà :

> On a trop perdu de vue ce fait capital que les œuvres de charité sont dans une dépendance intime de l'eucharistie, et de l'eucharistie célébrée par la communauté paroissiale. À la suite de cet oubli, on se croit volontiers obligé de créer des organismes de bienfaisance extra-paroissiaux. L'authentique charité chrétienne cependant est *agapè*, et, comme telle, elle doit s'intégrer essentiellement et organiquement dans la vie de l'Église paroissiale[13].

Les œuvres de miséricorde corporelles et spirituelles que le pape François a remises au goût du jour à l'occasion du Jubilé de la miséricorde en 2016 sont le déploiement

13. Dom Athanasius Wintersig, « Le réalisme mystique de la paroisse », art. cit., p. 22-23.

concret de la vie de charité. Elles nous indiquent les chemins vers lesquels la charité peut s'exercer.

Donner à manger aux affamés, à boire à ceux qui ont soif, vêtir ceux qui sont nus, accueillir les pèlerins, assister les malades, visiter les prisonniers et ensevelir les morts sont les sept œuvres de miséricorde corporelles. Comment ne pas penser à la charité exercée dans tant de paroisses quand des fidèles vont visiter les malades ou accueillir des familles en deuil ? Des paroisses mettent aussi en place des groupes pour aider les chômeurs, et leur éviter ainsi d'être un jour parmi ceux qui ont faim et soif. D'autres lancent des propositions pour un « hiver solidaire ». Les initiatives sont diverses et belles dans de nombreuses paroisses.

Conseiller ceux qui doutent, enseigner les ignorants, avertir les pécheurs, consoler les affligés, pardonner les offenses, supporter patiemment les personnes ennuyeuses et prier Dieu pour les vivants et les morts sont les sept œuvres de miséricorde spirituelles. Remontant aux pères du désert et reprises par saint Thomas d'Aquin, elles rappellent que la charité s'exerce aussi lorsqu'il s'agit de soutenir non plus le corps, mais l'esprit et l'âme de ceux qui nous entourent. Comme pour les œuvres corporelles, elles peuvent être exercées de manière tant personnelle que communautaire.

L'Église indique ainsi à ses membres et aux communautés qui la composent de nombreuses façons de déployer le fruit de l'eucharistie qu'est la charité, en prolongeant en ce monde l'action du Christ. Une paroisse qui est une vraie communauté eucharistique est forcément accueillante à la détresse du pauvre pour qui le Christ a livré sa vie par amour, que cette pauvreté soit matérielle ou spirituelle. Une telle paroisse prolonge dans ses actes le mystère de l'Incarnation pour que le Christ vienne toucher par elle l'humanité de l'homme en détresse.

Cette charité vécue en actes, tournés tant vers l'intérieur que vers l'extérieur de la communauté, fait grandir l'Église. Elle fortifie le corps du Christ. Quand ses membres posent des actes qui dépassent les capacités d'un homme blessé par le péché, la charité devient un signe que l'Église est animée par l'Esprit. Elle devient témoignage de foi pour la croissance de l'Église. S'accomplit alors la parole de saint Paul :

> Vivant selon la vérité et dans la charité, nous grandirons de toutes manières vers celui qui est la tête, le Christ, dont le corps tout entier reçoit concorde et cohésion par toutes sortes de jointures qui le nourrissent et l'actionnent selon le rôle de chaque partie, opérant ainsi sa croissance et se construisant lui-même, dans la charité (Ep 4,15-16).

L'Église ne croît que par la charité. Communauté eucharistique, la paroisse est une communauté de charité.

La paroisse, communauté eschatologique

La paroisse, ne serait-ce que par l'étymologie de son nom que nous avons rappelée, vit en ce monde en communauté étrangère et de passage. Sa cité véritable se trouve dans les cieux vers lesquels sa vie est orientée. La tentation de s'installer étant toujours très forte quand le Maître semble tarder à venir, il est nécessaire de demeurer éveillé dans l'espérance de son retour. La liturgie nous en offre l'occasion. Lors de chaque messe, les fidèles disent au Christ présent sur l'autel : « Nous attendons ta venue dans la gloire[14]. » La perspective eschatologique se retrouve en

14. Anamnèse, *Missel romain*.

effet à l'intérieur de l'eucharistie célébrée. Celle-ci renvoie à un repas. Le repas a une place importante dans la vie des hommes. Le sacrifice du Christ a lui-même été entouré de deux repas : la Cène du Jeudi saint comme préfiguration du mystère pascal et le repas avec les disciples d'Emmaüs le jour même de la Résurrection comme première représentation de ce même mystère. C'est encore l'image du repas qui est reprise pour exprimer ce qui attend les hommes au Ciel. Déjà, le prophète Isaïe parlait de ce banquet eschatologique : « Le Seigneur de l'univers préparera pour tous les peuples, sur sa montagne, un festin de viandes grasses et de vins capiteux, un festin de viandes succulentes et de vins décantés[15] » (Is 25,6). À plusieurs reprises, Jésus compare le Royaume à un festin. C'est précisément ce banquet qui est anticipé dans la liturgie eucharistique : « Dans la liturgie terrestre nous participons par un avant-goût à cette liturgie céleste qui se célèbre dans la sainte cité de Jérusalem à laquelle nous tendons comme des voyageurs, où le Christ siège à la droite de Dieu[16]. »

Avec cet « avant-goût » dont parle le concile Vatican II, nous sommes déjà au Ciel. Ou pour être plus précis, alors que nous n'avons pas quitté physiquement la terre, le Ciel est rendu présent devant nous. « La liturgie que nous célébrons est une participation mystérieuse à la liturgie du Ciel » disait saint Jean-Paul II[17]. Le Temple était bâti sur le modèle de la cour céleste, il était une « imitation de la Tente sainte préparée dès l'origine » (Sg 9,8). En revanche, notre liturgie n'est pas une imitation de la liturgie céleste, mais elle en est déjà une participation par avance. Le théologien catholique Scott Hahn souligne que :

---

15. Traduction liturgique de la Bible.
16. Concile Vatican II, *Sacrosanctum Concilium*, n° 8.
17. Saint Jean-Paul II, Angélus du 3 novembre 1996.

> Tandis qu'Israël priait en imitant les anges, l'église de l'Apocalypse rendait son culte avec les anges (Ap 19,10). [...] Il n'y aurait plus d'archétype céleste avec une imitation terrestre. L'Apocalypse révélait désormais un seul culte, rendu ensemble par les hommes et les anges[18].

La liturgie eucharistique n'est pas l'image du culte céleste, mais elle ne fait qu'un avec celui-ci. C'est pourquoi le prêtre, présentant l'hostie consacrée aux fidèles, « l'Agneau de Dieu qui enlève les péchés du monde », peut déclarer « heureux les invités au repas des noces de l'Agneau », comme l'a précisé la traduction du *Missel romain* en 2021. Ainsi, c'est aux réalités célestes que les fidèles sont amenés à communier, entourés des anges et de tous les saints avec qui ils ont chanté la sainteté de Dieu : dans toutes les paroisses du monde, le Ciel est présent sur la terre.

La messe dominicale est évidemment le point central de la vie paroissiale. Hélas, il s'agit pour beaucoup de paroisses de l'unique temps communautaire vécu chaque dimanche. C'est non seulement pour renforcer la dimension communautaire, mais aussi dans une perspective eschatologique, qu'il serait bon de déployer ce temps. Saint Jean-Paul II souligne le lien entre le dimanche et l'annonce des temps nouveaux :

> Le dimanche est une invitation à regarder en avant, il est le jour où la communauté chrétienne lance au Seigneur son cri « *Maràna tha* : viens, Seigneur ! » (1Co 16,22). Dans ce cri d'espérance et d'attente,

18. Scott Hahn, *op. cit.*, p. 90.

> elle accompagne et soutient l'espérance des hommes. Et de dimanche en dimanche, éclairée par le Christ, elle avance vers le dimanche sans fin de la Jérusalem céleste[19].

Cette conscience de la dimension eschatologique de la paroisse manque bien souvent. La paroisse est dans ce monde une communauté d'« étrangers et de voyageurs » (1P 2,11). Elle est en chemin, en pèlerinage, sur cette terre vers la cité céleste. L'absence d'une perspective eschatologique nuit à la mission de l'Église. En ne regardant pas vers sa fin, la communauté chrétienne perd sa raison d'être qui est d'évangéliser, comme nous allons le voir à présent.

19. Saint Jean-Paul II, *Dies Domini*, n° 84.

3
La paroisse, communauté missionnaire

Il existe un lien profond entre eucharistie et mission. Une communauté vraiment eucharistique ne peut être qu'une communauté missionnaire. Le pape Benoît XVI, dans son exhortation apostolique sur l'eucharistie, *Sacramentum Caritatis,* le sacrement de l'amour, déclare :

> Nous ne pouvons garder pour nous l'amour que nous célébrons dans ce sacrement. Il demande de par sa nature d'être communiqué à tous. Ce dont le monde a besoin, c'est de l'amour de Dieu, c'est de rencontrer le Christ et de croire en lui. C'est pourquoi l'eucharistie n'est pas seulement source et sommet de la vie de l'Église ; elle est aussi source et sommet de sa mission : « Une Église authentiquement eucharistique est une Église missionnaire[1]. » [...] Nous ne pouvons nous approcher de la table eucharistique sans nous laisser entraîner dans le mouvement de la mission qui, prenant naissance dans le cœur même

1. Le pape Benoît XVI reprend ici la proposition 42 du synode sur l'eucharistie.

de Dieu, veut rejoindre tous les hommes. La tension missionnaire est donc constitutive de la forme eucharistique de l'existence chrétienne[2].

Paroisse et mission

La paroisse est au service de la mission

Puisque l'évangélisation est la raison d'être de l'Église, c'est la raison d'être de la paroisse. Le futur saint pape Paul VI adressait un message à la Semaine sociale du Canada de 1953 : « La paroisse est avant tout un foyer de vie religieuse et de rayonnement missionnaire. » Il insistait avec une référence à Pie XII : « Jésus connu, aimé et servi de tous : telle est, selon les propres termes du Saint-Père, le but de toute la vie paroissiale[3]. »

Pour souligner le lien profond qui unit la paroisse et la mission, empruntons les mots mêmes de saint Paul et saint Paul VI. Saint Paul écrit : « Malheur à moi si je n'évangélise pas ! » (1Co 9,16), et saint Paul VI nous rappelle que « l'Église existe pour évangéliser[4] ». Ayant compris que ce qui est vrai du fidèle et de l'Église s'applique à la paroisse, nous pouvons donc affirmer : « Malheur à la paroisse qui n'évangélise pas ! » ; et ajouter que « la paroisse existe pour évangéliser ».

La paroisse est au service de la mission. La vie de l'Église ne se limite pas aux paroisses, cependant chaque

2. Benoît XVI, *Sacramentum Caritatis*, n° 84.

3. Monseigneur Giovanni Battista Montini, « La paroisse dans l'Église », Lettre du 14 août 1953 à la Semaine sociale du Canada, *La Maison-Dieu*, 36, 1953, p. 9.

4. Saint Paul VI, *Evangelii Nuntiandi*, 1975, n° 14.

catholique est membre d'une paroisse. Chaque chrétien est évidemment libre d'adhérer à un mouvement, mais chacun, en raison du découpage territorial, appartient à une paroisse. Pour beaucoup, la référence à une paroisse, quand bien même elle serait d'élection, est la manière la plus simple de se dire catholique. L'avenir de la mission passe aussi par l'avenir de l'institution paroissiale qui rassemble des membres de tous âges et de toutes conditions.

Le droit canonique actuel ne reprend pas le principe territorial dans sa définition de la paroisse. Il met l'accent sur la communauté de personnes, une communauté de foi et de charité. Il est cependant précisé qu'« en règle générale, la paroisse sera territoriale, c'est-à-dire qu'elle comprendra tous les fidèles du territoire donné[5] ». Cette précision est importante, car elle définit la communauté et son territoire missionnaire.

Le curé est au sein de sa paroisse au service de la mission

Le ministère de curé est un ministère de croissance, d'édification. Cette croissance est double. Elle concerne à la fois la personne, car chaque membre de la communauté est appelé à grandir en sainteté, et l'accueil de nouveaux membres dans la communauté, car le mandat missionnaire de Jésus résonne toujours dans le cœur des fidèles : « De toutes les nations faites des disciples, les baptisant au nom du Père et du Fils et du Saint-Esprit, et leur apprenant à observer tout ce que je vous ai prescrit » (Mt 28,19-20a). C'est la raison d'être des paroisses.

5. *CIC* 518.

Deux conceptions du curé sont présentes chez les fidèles, tant laïcs que prêtres. Les premiers le voient comme celui qui a la charge de la communauté catholique, et donc des fidèles, pratiquants ou non. Les seconds lui reconnaissent la charge de toutes les âmes de son territoire paroissial (ou du cadre défini pour sa paroisse s'il s'agit d'une paroisse personnelle). Selon cette seconde conception, la parole de Jésus, le Bon Berger, résonne dans le cœur du pasteur : « J'ai encore d'autres brebis qui ne sont pas de cet enclos » (Jn10,16). Un tel curé entend l'appel à aller chercher ces autres brebis pour qu'elles intègrent l'enclos des premières. Pour cela, il peut s'appuyer sur les charismes des membres de sa communauté. Cette seconde conception est celle que donne l'Église à travers le Code de droit canonique : « Le curé est tenu par l'obligation de pourvoir à ce que la parole de Dieu soit annoncée intégralement aux habitants de la paroisse[6]. » Il s'agit bien des habitants, quelles que soient leur religion ou leur croyance, et non simplement des fidèles.

Chaque curé qui est animé d'une vraie charité pastorale ne peut s'engourdir, quand bien même son église serait remplie. Certain que « Dieu veut que tous les hommes soient sauvés et parviennent à la connaissance de la vérité » (1Tm 2,4) et que « le baptême est nécessaire au salut pour ceux auxquels l'Évangile a été annoncé et qui ont eu la possibilité de demander ce sacrement[7] », il doit rejoindre tous les habitants de sa paroisse pour qu'ils entendent cette parole de salut.

6. *CIC* 528 § 1.

7. *CEC* 1257.

Toute la communauté paroissiale est tournée vers la mission

Le curé porte le souci du salut de tous et de la croissance de la communauté. La mission n'est cependant pas vécue uniquement par les prêtres et les religieux. En des termes forts, dans son décret sur l'apostolat des laïcs, le Concile insiste sur le fait que tout baptisé doit être missionnaire :

> La vocation chrétienne est aussi par nature vocation à l'apostolat. Dans l'organisme d'un corps vivant, aucun membre ne se comporte de manière purement passive, mais participe à la vie et à l'activité générale du corps, ainsi dans le corps du Christ qui est l'Église, « tout le corps opère sa croissance selon le rôle de chaque partie » (Ep 4,16). Bien plus, les membres de ce corps sont tellement unis et solidaires (cf. Ep 4,16) qu'un membre qui ne travaille pas selon ses possibilités à la croissance du corps doit être réputé inutile à l'Église et à lui-même[8].

Dans une même communauté, prêtres et laïcs participent ensemble à la mission de l'Église. Ils ne la portent pas simplement chacun de manière individuelle mais bien dans la dynamique de la communauté paroissiale. En des termes très actuels, l'abbé Michonneau rappelle que c'est souvent l'absence de dimension communautaire qui empêche une paroisse d'être missionnaire et que c'est en se tournant vers l'extérieur qu'une paroisse devient une communauté :

---

8. Concile Vatican II, *Apostolicam Actuositatem*, n° 2.

> Qu'est-ce qui empêche la paroisse d'être missionnaire ? C'est qu'elle est réduite au milieu paroissial, qui l'entoure, qui la sclérose, lui donne l'illusion d'une vitalité qui n'est qu'une vitalité factice, ou, si l'on veut, une vitalité réelle, mais en vase clos. Qu'est-ce qui permettrait à la paroisse de redevenir missionnaire ? C'est qu'elle redevienne une communauté[9]. Du jour où le milieu paroissial commence à regarder *ad extra*, à se préoccuper de la conquête, il est déjà tout prêt à se transformer en vraie communauté chrétienne. Le souci apostolique lui rend à la fois de la ferveur et de la cohésion intérieure[10].

C'est la même perspective missionnaire qui devrait régler la mise en place de nouvelles paroisses. L'évolution démographique des territoires ou la crise des vocations en diverses régions rendent parfois nécessaires des regroupements ou découpages paroissiaux. Pour maintenir une certaine stabilité, ils ne doivent pas être pensés à court terme. Puisque l'Église existe pour évangéliser, la règle suprême devrait être la mission de l'Église en ce lieu et à cette période, en considérant que la paroisse est la structure appropriée à une évangélisation locale grâce aux contacts directs avec tous les habitants du territoire. La perspective missionnaire a une incidence sur la constitution de nouvelles paroisses, quand il s'agit d'en diviser certaines ou plus souvent en Occident d'en regrouper plusieurs. La taille de la paroisse doit permettre de rejoindre tout homme. Une paroisse est une communauté stable de fidèles. Il est donc indispensable de vérifier que les nouvelles paroisses permettent cette stabilité de la

9. Georges Michonneau, *Paroisse, communauté missionnaire*, *op. cit.*, p. 51.
10. *Ibid.*, p. 212.

communauté. Le regroupement en un premier temps de plusieurs paroisses en un ensemble pastoral sous l'autorité d'un seul pasteur peut aider à vérifier la justesse des choix, et d'ajuster si nécessaire avant de réaliser l'unité de la communauté. Le fait de pouvoir constituer une communauté missionnaire est une clé de discernement dans la mise en place de ces nouvelles paroisses.

Parler d'une communauté unie n'empêche pas qu'elle soit composée de plusieurs petites communautés constituées par les horaires des messes dans des paroisses urbaines ou, de manière plus visible, autour des multiples clochers dans des paroisses rurales. Beaucoup de curés de ces dernières partagent lors du Congrès Mission ou sur les réseaux sociaux les belles initiatives qu'ils ont prises pour faire vivre et grandir leurs communautés paroissiales en s'appuyant sur leurs communautés locales.

Les paroisses plus anciennes doivent elles aussi se comprendre dans une perspective missionnaire et sortir pour annoncer l'Évangile. « Quand l'Église ne sort pas d'elle-même pour évangéliser, elle devient autoréférentielle et elle tombe malade[11]. » Ce que le cardinal Bergoglio disait de l'Église quelques jours avant son élection papale est évidemment vrai de nos paroisses. Une paroisse qui n'évangélise pas devient autoréférentielle. L'esprit communautaire et missionnaire d'une paroisse est le signe d'une bonne santé pastorale.

La mission de l'Église, et donc de chaque paroisse, est de proclamer le kérygme. La mission, c'est de proclamer que Jésus est mort et ressuscité, et de permettre ainsi à chacun de vivre une rencontre personnelle avec lui.

11. Cardinal Jorge Mario Bergoglio, Discours à la Congrégation générale avant l'entrée en conclave, 9 mars 2013.

Benoît XVI souligne qu'« à l'origine du fait d'être chrétien, il n'y a pas une décision éthique ou une grande idée, mais la rencontre avec un événement, avec une Personne, qui donne à la vie un nouvel horizon et par là son orientation décisive[12]. » Cette rencontre renouvelle une vie. Quand une paroisse rassemble des personnes qui ont véritablement rencontré Jésus et qui sont capables d'en parler, elle n'est pas centrée sur elle-même mais sur le Christ qui l'envoie vers l'extérieur pour que d'autres fassent cette même rencontre. Aussi le pape François insiste-t-il :

> J'invite chaque chrétien, en quelque lieu et situation où il se trouve, à renouveler aujourd'hui même sa rencontre personnelle avec Jésus Christ ou, au moins, à prendre la décision de se laisser rencontrer par lui, de le chercher chaque jour sans cesse. Il n'y a pas de motif pour lequel quelqu'un puisse penser que cette invitation n'est pas pour lui, parce que « personne n'est exclu de la joie que nous apporte le Seigneur[13] »[14].

Paroisses et mouvements appelés à coopérer dans la mission

Le développement de mouvements clairement missionnaires à côté des paroisses, parfois parce que celles-ci ne répondent pas à leur vocation, a pu faire croire à certains que la mission s'accomplissait en dehors de la paroisse. Certains imaginent que la mission est du ressort de communautés dites nouvelles tandis que les paroisses

---

12. Benoît XVI, *Deus Caritas Est*, 2005, n° 1.
13. Saint Paul VI, *Gaudete in Domino*, 1975, n° 22.
14. Pape François, *Evangelii Gaudium*, n° 3.

seraient là pour assurer la gestion courante des demandes, en particulier sacramentelles. Dans les paroisses, il serait possible de communier et de se confesser, et avec les mouvements il serait possible d'adorer le Saint-Sacrement et de partir en mission. Il ne peut évidemment pas en être ainsi. S'il y a des charismes différents, il n'y a pas deux Églises puisque le Christ n'a qu'un seul corps.

La question n'est pas nouvelle. Elle se posait déjà au milieu du XXe siècle avec les mouvements d'Action catholique. Certains étaient tentés d'en faire le lieu exclusif de la mission, quitte à les détacher totalement de la paroisse. Cependant, l'éducateur autrichien Ignaz Zangerle note en 1956 que « des expériences belges semblent prouver qu'un apostolat d'usine indépendant, c'est-à-dire libéré de tout lien paroissial, succombe à la longue à une sous-alimentation spirituelle[15] ».

Saint Jean-Paul II souligne que seule la perspective missionnaire peut dépasser les divisions, et que mouvements et paroisses doivent être jugés à la lumière de l'impératif missionnaire :

> Il faut un changement radical de mentalité pour devenir missionnaires, et cela vaut aussi bien pour les personnes que pour les communautés. Le Seigneur appelle toujours à sortir de soi-même, à partager avec les autres les biens que nous avons, à commencer par le plus précieux, la foi. À la lumière de cet impératif missionnaire, on devra mesurer la validité des organismes, des mouvements, des paroisses et des œuvres d'apostolat de l'Église. C'est seulement en devenant missionnaire que la communauté

15. Ignaz Zangerle, « Le rôle des laïcs dans la paroisse ». In Hugo Rahner, *op. cit.*, p. 118.

> chrétienne pourra dépasser les divisions et les tensions internes et retrouver son unité et la vigueur de sa foi[16].

Guzmán Carriquiry Lecour, sous-secrétaire du Conseil pontifical pour les laïcs, commente :

> Comme il est difficile de dépasser un certain « train-train » des communautés chrétiennes, quelquefois trop prises par leur activisme et « problématicisme » *ad intra* pour adopter une attitude réellement missionnaire ! À la lumière de cette conscience et de ce défi, beaucoup de débats ecclésiastiques sur les rapports entre paroisse et mouvements semblent être internes, à l'ombre du campanile, dans un « paroissialisme » étriqué qui a réduit l'élan missionnaire à la contemplation de son simple nombril, à une petite, petite anecdote, gaspillant ainsi les énergies destinées à une grande œuvre pour laquelle la vie nous a été donnée[17].

La tentation est forte de situer les paroisses et les mouvements dans un mode concurrentiel. Cette tentation, nous l'avons dit, n'est pas nouvelle. Clément Dillenschneider relevait, à propos des mouvements d'Action catholique, la nécessité de travailler dans l'unité :

> Ces mouvements en effet peuvent être pour la paroisse normale ou un danger ou un ferme soutien de progrès ; un danger, s'ils forment des sortes de

16. Saint Jean-Paul II, *Redemptoris Missio*, 1990, n° 49.

17. Guzmán Carriquiry Lecour, « Paroisses et mouvements ». In Collectif, *Paroisses et nouvelle évangélisation*, Éditions de l'Emmanuel, Paris, 2009, p. 63.

> petites paroisses, dans la grande, ou à côté de la grande, et s'ils frustrent celle-ci de leur propre rayonnement vital. [...] Un soutien merveilleux de progrès et d'énergie s'ils sont animés d'un esprit vraiment communautaire et préoccupés de construire, dans l'unité de la paroisse, l'Église du Christ dans leurs milieux respectifs[18].

Tout catholique qui est membre d'un mouvement, qui le soutient pour sa vie chrétienne, peut faire profiter sa paroisse de ce qu'il reçoit au sein de son mouvement. Les charismes ne sont pas reçus pour soi-même, ni en tant que personne ni en tant que mouvement, mais pour le bien du corps entier. C'est cette conscience missionnaire commune qui fait sortir de l'opposition entre les mouvements et les paroisses. Le pape François souligne l'importance du lien à la paroisse :

> Les autres institutions ecclésiales, communautés de base et petites communautés, mouvements et autres formes d'associations, sont une richesse de l'Église que l'Esprit suscite pour évangéliser tous les milieux et secteurs. Souvent elles apportent une nouvelle ferveur évangélisatrice et une capacité de dialogue avec le monde qui rénovent l'Église. Mais il est très salutaire qu'elles ne perdent pas le contact avec cette réalité si riche de la paroisse du lieu, et qu'elles s'intègrent volontiers dans la pastorale organique de l'Église particulière. Cette intégration évitera qu'elles demeurent seulement avec une partie de l'Évangile et

18. Clément Dillenschneider, *La paroisse et son curé dans le mystère de l'Église, op. cit.*, p. 96.

de l'Église, ou qu'elles se transforment en nomades sans racines[19].

L'objectif n'est pas que quelqu'un découvre un mouvement ou une communauté paroissiale. Il ne faudrait pas confondre le moyen et la fin. La finalité est que cette personne découvre le Christ et le suive en étant intégrée localement au corps du Christ qu'est l'Église.

De manière discrète, de nombreuses familles spirituelles peuvent soutenir la vie chrétienne des fidèles sans se substituer à l'Église locale, riche de sa diversité, ni les amener à s'en détacher. Certains trouvent un lieu de sanctification, ou une famille, dans un tiers ordre franciscain ou dominicain, une oblature bénédictine, à Notre-Dame-de-Vie ou à l'Opus Dei, pour ne citer que quelques exemples. C'est une grande joie pour un curé de savoir que les paroissiens prennent les moyens de fortifier leur relation avec le Christ et l'Église selon la spiritualité qui est la leur. Chaque fidèle, laïc ou prêtre, est libre de se nourrir où il le souhaite. Sa participation à la vie paroissiale ne peut qu'en être enrichie. La mission paroissiale est elle aussi déployée, car la paroisse témoigne alors en elle-même que, s'il n'y a qu'un seul corps du Christ, une seule Église, « dans la maison [du] Père, il y a beaucoup de demeures » (Jn 14,2). Celui qui découvre le Christ peut être accueilli dans l'Église, par sa manifestation qu'est la paroisse, sans entrer dans un moule.

19. Pape François, *Evangelii Gaudium*, n° 29.

Une conversion missionnaire constante

Le pape François appelle à une conversion missionnaire et pastorale. Quelques mois après son élection, il redit cette urgence dans sa première exhortation, *La joie de l'Évangile*, en s'appuyant sur le document d'Aparecida :

> Les évêques latino-américains ont affirmé que « nous ne pouvons plus rester impassibles, dans une attente passive, à l'intérieur de nos églises », et qu'il était nécessaire de passer « d'une pastorale de simple conservation à une pastorale vraiment missionnaire »[20].

Cette conversion est toujours nécessaire ! Au milieu du XXe siècle, le prêtre sociologue François Houtart soulignait l'urgence missionnaire dans les villes à partir des paroisses :

> Il s'agit de constater une fois pour toutes que les méthodes d'apostolat dans les grandes villes doivent être, dans le sens le plus profond du mot, des méthodes missionnaires. C'est à cette condition seulement que la paroisse pourra continuer à jouer son rôle spirituel dans la structure urbaine moderne[21].

La question de la conversion missionnaire n'est donc pas nouvelle. Deux raisons amènent le pape François à en parler avec force aujourd'hui. La première est que cette nécessité n'a souvent pas été entendue. La deuxième raison qui amène le pape à rappeler encore la nécessité

20. *Ibid.*, n° 15.

21. François Houtart, « Faut-il abandonner la paroisse dans la ville moderne ? », *Nouvelle Revue théologique*, 77, 1955, p. 613.

d'une conversion missionnaire est que la tentation de s'installer est souvent forte. Ainsi, après le départ de l'abbé Michonneau du Petit-Colombes, la paroisse du Sacré-Cœur n'a pas poursuivi longtemps sur sa dynamique missionnaire. En relisant l'histoire de cette paroisse, le sociologue Antoine Delestre[22] montre comment tout s'est perdu avec le deuxième successeur de celui qui avait su rendre sa paroisse missionnaire, en particulier quand des questions idéologiques ont pris le pas sur l'annonce de la Bonne Nouvelle révélée en Jésus Christ et que la célébration de la messe a perdu de sa dignité. Après le départ de l'abbé Michonneau, son ancien vicaire devenu curé, l'abbé Rétif, a mis l'accent principal sur l'engagement dans la société comme signe indispensable de la vie chrétienne. Dès lors, l'annonce du kérygme à ceux qui ne le connaissent pas n'était plus la priorité et l'élan missionnaire était brisé. La conversion missionnaire doit être constante. Elle concerne la communauté avec son pasteur et nous voyons déjà ici comment un changement de pasteur peut casser une dynamique existante.

Puisque la mission part de l'eucharistie et y conduit, cette conversion missionnaire part de l'eucharistie où se réalise la communauté. Lors d'un colloque en 2008 consacré aux paroisses et à la nouvelle évangélisation, don Pietro Sigurani a apporté son témoignage quant à la conversion à une pastorale missionnaire dans la paroisse de la Nativité à Rome, paroisse dont il est devenu curé en 1975 :

22. Antoine Delestre, *35 ans de mission au Petit-Colombes. 1939-1974*, Cerf, Paris, 1977. L'auteur analyse les données sociologiques de la paroisse du Sacré-Cœur depuis l'arrivée de l'abbé Michonneau en 1939 jusqu'au départ de son deuxième successeur, le père Leroy, en 1974.

> Nous nous sommes dit : partons de là où la première communauté est partie, c'est-à-dire de la célébration de Jésus. Remettons-la au centre. Redonnons dignité, valeur, signification, sens à la liturgie. Rendons-lui son impulsion missionnaire.
> Pour réaliser cela, nous avons remis à l'honneur, le dimanche, des signes liturgiques clairs et dignes. [...] Nous avons commencé à annoncer, non pas ce que l'homme devait faire socialement ou moralement pour Dieu, mais plutôt ce que Dieu faisait gratuitement pour l'homme, et pour chaque homme. Nous avons fait seulement la liturgie. Et peu à peu, la communauté s'est reconstruite. Quelle communauté ?
> La communauté ecclésiale, c'est-à-dire la communauté de tous les baptisés, pratiquants, non pratiquants, en crise, saints, pécheurs... Mais le cœur de cette communauté, quel est-il ? Il est vrai que nous devons approcher les fiancés, les familles des nouveaux baptisés, ceux qu'on dit être loin... mais où voulons-nous les conduire ? Au cœur de la communauté qui est la célébration de Jésus, le Christ ressuscité. Tel est notre objectif : nous voulons amener toutes les personnes auxquelles nous nous adressons à célébrer Jésus[23].

Dans ce témoignage, nous retenons la portée d'une liturgie célébrée avec foi. Nous relevons aussi l'importance d'une annonce de l'Évangile à la communauté chrétienne. Ce n'est pas d'abord une règle morale que don Sigurani a annoncée, mais l'œuvre du salut accompli en Jésus Christ. Dans sa prédication, il renvoie avant tout

23. Pietro Sigurani, « Témoignage personnel ». In Collectif, *Paroisses et nouvelle évangélisation*, *op. cit.*, p. 310.

au mystère qui est célébré dans l'eucharistie et vers lequel il veut conduire ceux qui ne sont pas encore dans l'Église. Quand il parle de la liturgie, il ne s'agit pas d'un simple rite célébré. Nous pouvons rappeler la mise en garde qu'écrivait l'abbé Michonneau quelques décennies plus tôt :

> Nous ne sommes pas assez exigeants pour la communauté. Nous nous satisfaisons d'un milieu paroissial en exercice de culte ; nous ne créons pas une communauté en état de vie. Nous acceptons (et désirons même) que le nom de chrétien soit porté par n'importe qui, en pensant que plus il y en aura, mieux ça vaudra ; nous ne nous occupons pas de présenter au milieu de ce monde païen des communautés exemplaires et rayonnantes. Nous administrons les sacrements ; nous n'insufflons pas à notre peuple, en tant que peuple, une vie sacramentelle[24].

Tout est lié : la communauté, le culte, les sacrements et la mission. La conversion missionnaire passe, pour les communautés et leurs pasteurs, par le fait de réaliser cette unité voulue par le Christ.

Des mesures aux fruits

Une conversion entraîne un changement de vie qui se concrétise dans des actes. Lorsqu'une paroisse vit avec son curé une conversion missionnaire et pastorale, c'est tout un état d'esprit qui est transformé et des mesures concrètes sont rapidement visibles.

---

24. Georges Michonneau, *Paroisse, communauté missionnaire*, *op. cit.*, p. 270.

Des moyens concrets

Au moment de repérer des moyens qui s'offrent aux communautés et à leurs pasteurs pour vivre la dimension missionnaire, il est bon de rappeler ce qu'écrivait Casiano Floristan :

> Certains prêtres du ministère paroissial, peu soucieux sans doute d'approfondissement théologique, demandent des remèdes concrets et efficaces, des formules toutes faites et éprouvées, des recettes qui apportent une solution à chacun des problèmes qui se posent à eux. Si celui qui tente de fournir ces remèdes ne se place pas au niveau de la Révélation, il court le risque de tomber dans un pragmatisme sans principes, plus dangereux peut-être que la réflexion théologique s'exerçant hors de toute pratique pastorale[25].

Il ne s'agit donc pas de dresser un catalogue dans lequel il suffirait de puiser, mais de mettre en valeur ce que l'Esprit Saint a déjà suscité dans l'Église parfois en d'autres lieux ou d'autres temps et ce qu'il veut encore susciter. Ces mesures peuvent n'être qu'un simple vernis sur une façade qui bien vite se craquellera si elles ne sont pas l'expression d'une conversion vécue en profondeur. Elles peuvent à l'inverse amener à tout transformer comme le rêve le pape François :

> J'imagine un choix missionnaire capable de transformer toute chose, afin que les habitudes, les styles, les horaires, le langage et toute structure ecclésiale

25. Casiano Floristan, *op. cit.*, p. 17.

> deviennent un canal adéquat pour l'évangélisation du monde actuel, plus que pour l'autopréservation. La réforme des structures, qui exige la conversion pastorale, ne peut se comprendre qu'en ce sens : faire en sorte qu'elles deviennent toutes plus missionnaires, que la pastorale ordinaire en toutes ses instances soit plus expansive et ouverte, qu'elle mette les agents pastoraux en constante attitude de « sortie » et favorise ainsi la réponse positive de tous ceux auxquels Jésus offre son amitié[26].

En entendant l'expérience de nombreuses paroisses, deux moyens apparaissent comme essentiels pour qu'elles soient missionnaires : partir de l'eucharistie et oser une évangélisation directe.

Seule une communauté eucharistique peut être une communauté missionnaire. Et une communauté véritablement eucharistique est naturellement missionnaire. Le culte rendu au Christ dans l'eucharistie, tant dans les messes du dimanche ou de semaine que dans l'adoration, produit la charité qui, nous l'avons vu, est tournée aussi vers l'extérieur de la communauté. L'amour du prochain, nourri de l'eucharistie, amène les fidèles à désirer ce qu'il y a de mieux pour leur prochain : qu'il se laisse rejoindre lui aussi par le Christ et qu'il accueille son amour révélé sur la croix. Dans un élan de charité et conscients de la puissance de la grâce divine, ils portent ce désir devant le Saint-Sacrement et se laissent porter par lui pour témoigner auprès de leur prochain.

Clément Dillenschneider adresse cette invitation aux paroissiens :

26. Pape François, *Evangelii Gaudium*, n° 27.

> Au sortir de la messe communautaire, que chaque paroissien, chaque paroissienne se juge soi-même solidaire et comptable de tous ceux qui habitent sur le même sol, des croyants et des incroyants. Que chacun, lorsqu'il vient au banc de communion recevoir le corps du Christ, le fasse non dans le dessein de le garder, mais de le porter aux autres. Une paroisse missionnaire à partir de l'eucharistie se préservera elle-même de la stagnation et du recul[27].

Le deuxième moyen essentiel à la conversion missionnaire est d'oser une évangélisation directe. La tentation est forte dans les paroisses d'attendre que des personnes viennent frapper à la porte de l'accueil des églises. L'évangélisation directe amène à ne plus attendre que les gens viennent, mais à aller vers eux pour leur annoncer la Bonne Nouvelle de Jésus mort et ressuscité. Le souci du salut de ceux qui nous entourent nous interdit de nous taire. Animé par ce souci, le pasteur doit y répondre avec toute sa communauté. C'est ce que faisait l'abbé Michonneau avec toute son équipe sacerdotale au Petit-Colombes, après un salut au Saint-Sacrement, les militants de l'Action catholique ayant préparé le terrain pour la visite des prêtres. Le séminaire doit former les futurs prêtres dans cette perspective, non seulement pour qu'ils expérimentent le porte-à-porte comme l'abbé Michonneau et son équipe, mais encore pour qu'ils sachent entraîner leurs paroisses dans cet élan. Entre les expériences missionnaires en paroisse de l'abbé Michonneau et nous, il y a eu le concile Vatican II qui a fortement exprimé que la mission est

27. Clément Dillenschneider, *La paroisse et son curé dans le mystère de l'Église*, *op. cit.*, p. 93.

l'œuvre de toute l'Église et que les laïcs y ont une part active.

Le pape François souhaite que l'Église soit une « Église en sortie ». L'évangélisation directe est une bonne expression de la conversion missionnaire, car elle oblige à sortir des églises et de soi-même. Cette sortie n'est cependant possible que s'il y a une vraie intériorité. Sans vie intérieure, il est impossible de témoigner. Ainsi que le remarquait une jeune paroissienne, ce serait comme parler du dernier film qui est sorti sans être allé le voir. « Le missionnaire doit être un contemplatif en action[28] », disait saint Jean-Paul II.

Des fruits visibles

Une paroisse qui vit une conversion missionnaire et pastorale en voit rapidement les fruits. Dans la paroisse dont j'ai la charge, à Saint-Urbain-Sainte-Marie de La Garenne-Colombes, nous avons repéré rapidement cinq fruits des missions d'évangélisation de rue ou en porte-à-porte mises en place en novembre 2013.

Le premier fruit est la croissance de la foi chez ceux qui partent en mission : la foi grandit quand elle est partagée. Cette croissance permet aussi à des jeunes d'être mieux disposés pour répondre à une vocation éventuelle. Les jeunes qui sont entrés en propédeutique ont tous accompli au moins une mission d'évangélisation directe.

Le deuxième fruit est le renforcement des liens fraternels au sein de la communauté. Quand deux chrétiens ont témoigné ensemble de leur foi devant des inconnus, ils ont aussi témoigné l'un devant l'autre de ce que le Seigneur avait fait dans leur vie. Même s'ils

28. Saint Jean-Paul II, *Redemptoris Missio*, n° 91.

ne se connaissaient pas avant, ils se connaissent alors en profondeur en ayant partagé l'essentiel.

Le troisième fruit est une meilleure implication paroissiale. Les fidèles qui se trouvent confrontés aux questions de ceux qui ne connaissent pas l'Église et la vie paroissiale sont obligés de chercher les réponses. Ils sont donc amenés à mieux se former pour répondre aux préjugés ou aux attentes de ceux qui sont loin. Plusieurs ont réclamé des formations, demandant par exemple des éléments pour parler de Jésus à des musulmans par qui ils étaient souvent bien reçus.

Le quatrième fruit est un élan missionnaire de toute la paroisse. À force d'entendre parler de ces missions directes et d'en voir les fruits, c'est toute une communauté qui s'est trouvée décomplexée pour parler de sa foi en Jésus Christ. Cet élan déborde de la paroisse puisque plusieurs paroissiens sont allés aider d'autres paroisses dans la mise en place d'initiatives missionnaires.

Le cinquième fruit est ce qui se passe dans le cœur de la personne visitée. Il est difficile à mesurer. L'Esprit Saint est le véritable évangélisateur. Il faut parfois du temps et plusieurs événements pour qu'une personne se laisse rejoindre et toucher par le Christ. Mais la croissance numérique de la communauté en est un signe. Les baptêmes d'adultes ont été de plus en plus nombreux chaque année, passant progressivement de zéro ou un baptême par an à dix, neuf ans plus tard. Beaucoup de néophytes se sont engagés à leur tour dans une évangélisation directe.

Si la première soirée de mission a rassemblé 12 paroissiens, sept ans plus tard, 175 paroissiens avaient fait au moins une fois l'expérience d'une évangélisation directe, dont les deux tiers plusieurs fois. Le fait d'être véritablement missionnaire fait d'une paroisse une communauté chrétienne, comme le disait saint Jean-Paul II :

> Aucune communauté chrétienne n'est fidèle à sa propre tâche si elle n'est pas missionnaire : ou bien elle est une communauté missionnaire, ou bien elle n'est pas une communauté chrétienne[29].

Le témoignage d'un prêtre capucin venu prêcher une retraite de Pentecôte dans ma paroisse montrait bien les conséquences de la mission sur une communauté : « On voit qu'ici vous êtes une famille et que vous avez un père. »

Rassemblant des fidèles qui sont devenus frères et sœurs par le baptême, une paroisse est une famille conduite par un pasteur qui en est membre et qui veille à sa communion.

29. Saint Jean-Paul II, Message pour la Journée mondiale des missions, 19 mai 1991.

4

« Sois le berger de mes brebis » (Jn 21,17)

Les pasteurs de l'Église ne sont pas pasteurs par eux-mêmes. Ils ne sont pas non plus les propriétaires du troupeau. C'est une mission qu'ils reçoivent pour une portion du troupeau de Dieu. Ils reçoivent de saint Pierre, qui fut chargé par le Bon Pasteur de paître ses brebis, cet avertissement et cette promesse :

> Les anciens qui sont parmi nous, je les exhorte, moi, ancien comme eux, témoin des souffrances du Christ, et qui dois participer à la gloire qui va être révélée. Paissez le troupeau de Dieu qui vous est confié, veillant sur lui, non par contrainte, mais de bon gré, selon Dieu ; non pour un gain sordide, mais avec l'élan du cœur ; non pas en faisant les seigneurs à l'égard de ceux qui vous sont échus en partage, mais en devenant les modèles du troupeau. Et quand paraîtra le Chef des pasteurs, vous recevrez la couronne de gloire qui ne se flétrit pas (1P 5,1-4).

Saint Pierre dresse ainsi un programme pour les pasteurs de l'Église : ils sont pasteurs du troupeau de Dieu, appelés à être de bons pasteurs au nom et à l'image du Bon Pasteur, en étant tournés vers lui.

Pasteurs du troupeau de Dieu

Dans l'Ancien Testament

La notion de pasteur – ou de berger – est présente dès l'Ancien Testament quand il s'agit de parler des hommes comme d'un troupeau à conduire. Ce titre est davantage donné à ceux à qui Dieu a donné une mission qu'au Seigneur lui-même.

« Le Seigneur est mon berger » dit le psalmiste (Ps 23,1), parlant du Seigneur comme étant le véritable berger de son peuple. Israël est « le troupeau de [son] bercail » (Ps 79,13) ou « le troupeau de sa main » (Ps 95,7). Le psalmiste lui dit encore : « Pasteur d'Israël, écoute, toi qui mènes Joseph comme un troupeau » (Ps 80,2). Cependant, il est rare que le titre « pasteur » soit donné directement à Dieu sans qu'il s'agisse d'une allégorie ou d'une comparaison. Il n'y a que deux autres passages où le Seigneur reçoive explicitement ce titre (Gn 48,15 et 49,24). La liturgie nous donne d'entendre régulièrement le psaume 23 – numéroté 22 dans la liturgie – et nous risquons de croire, à tort, que le titre « pasteur » est souvent donné à Dieu.

Dans l'Ancien Testament, le nom de pasteur est davantage donné à des hommes : Dieu se choisit des pasteurs pour guider son peuple. Le troupeau reste le troupeau de Dieu quand il est confié à des pasteurs qui sont chargés de le conduire, comme la vigne appartient toujours au maître du domaine quand il la confie à des vignerons. Le psalmiste relève ainsi le rôle particulier de Moïse par qui le Seigneur lui-même guide son peuple : « Tu guidas comme un troupeau ton peuple par la main de Moïse et d'Aaron » (Ps 77,21). Bien que la figure du pasteur puisse lui être appliquée, Moïse n'est pas appelé pasteur, sauf évidemment quand il fait paître le troupeau de son beau-père Jéthro (cf. Ex 3,1). Avec Josué, préposé « pour que la communauté du Seigneur ne soit pas comme un troupeau sans pasteur » (Nb 27,17), nombreux sont ceux qui seront désignés plus explicitement comme pasteurs, recevant ainsi une véritable charge pastorale. Les juges ont été « institués comme pasteurs de [son] peuple Israël » (2S 7,7). Ce rôle est attribué ensuite aux rois. Les chefs du peuple sont également désignés par ce titre de « pasteurs » (Jr 2,8). Le roi perse Cyrus, lui aussi, est appelé par le Seigneur « mon berger » (Is 44,28) quand il le désigne comme celui qu'il a choisi pour sauver son peuple exilé à Babylone, faisant de lui une figure messianique.

La figure d'un unique pasteur du troupeau de Dieu se retrouve dans les annonces messianiques. Tout en condamnant les mauvais pasteurs qui ne prennent pas soin de leurs brebis, les laissant s'égarer et se disperser, le Seigneur promet de susciter un unique pasteur en s'appuyant sur la figure davidique : « Je susciterai pour le mettre à leur tête un pasteur qui les fera paître, mon serviteur David : c'est lui qui les fera paître et sera pour eux un pasteur » (Ez 34,23). La figure royale de David a en effet une importante dimension pastorale. Lorsque ce jeune berger est sacré comme roi d'Israël, les tribus viennent auprès de lui à Hébron et disent : « Le Seigneur t'a dit : C'est toi qui paîtras mon peuple Israël et c'est toi qui deviendras chef d'Israël » (2S 5,2). Bien des fois, le

Seigneur reproche aux rois d'avoir abandonné cette charge pastorale : « J'ai vu tout Israël dispersé sur les montagnes comme un troupeau sans pasteur » prophétise Michée, fils de Yimla (1R 22,17). Un autre Michée annonce la venue de celui qui doit naître à Bethléem : « [Celui qui doit gouverner Israël] se dressera, il fera paître son troupeau par la puissance du Seigneur, par la majesté du nom de son Dieu » (Mi 5,3).

L'Ancien Testament décrit ce que doivent être les pasteurs du troupeau de Dieu, y compris dans la Nouvelle Alliance. Il annonce la venue d'un véritable pasteur esquissé à travers différentes figures allégoriques.

Dans le Nouveau Testament

La promesse est accomplie en Jésus Christ qui affirme : « Je suis le Bon Pasteur ; le Bon Pasteur donne sa vie pour ses brebis » (Jn 10,11). Il est soucieux de la brebis perdue (Lc 15,4-7) et des foules « fatiguées et prostrées comme des brebis qui n'ont pas de berger » (Mt 9,36). Ses brebis sont à la fois « les brebis perdues de la maison d'Israël » (Mt 10,6 ; 15,24) et « les brebis qui ne sont pas de ce bercail » (Jn 10,16). Il est l'unique berger du troupeau de Dieu : « il y aura un seul troupeau, un seul Pasteur » (Jn 10,16). Il est « le grand Pasteur des brebis, notre Seigneur Jésus » (He 13,20). Il est l'Agneau qui se tient au milieu du trône [et qui] sera le pasteur [de ceux qui viennent de la grande épreuve et qui ont lavé et blanchi leurs robes dans le sang de l'Agneau] » (Ap 7,17).

Pasteur unique et véritable, Jésus choisit des hommes qu'il établit comme pasteurs du troupeau. Après sa résurrection d'entre les morts, lorsque Jésus apparaît à ses apôtres au bord du lac de Tibériade, il dit à Simon-Pierre : « Pais mes agneaux. […] Pais mes brebis. […] Pais mes brebis » (Jn 21,15-17). Saint Pierre reçoit ainsi directement de Jésus la mission de paître l'Église entière. Saint Augustin commente : « Pierre seul recevait ce dépôt ; il figurait ainsi l'union des bons pasteurs, des pasteurs qui savent gouverner pour le Christ et non pas pour eux[1] ». C'est encore Jésus « qui a donné aux uns d'être apôtres, à d'autres d'être prophètes, ou encore évangélistes, ou bien pasteurs et docteurs, organisant ainsi les saints pour l'œuvre du ministère, en vue de la construction du corps du Christ » (Ep 4,11-12). Nous avons dans cette lettre l'unique mention des pasteurs dans les énumérations que saint Paul donne des ministères existant dans l'Église. C'est aux anciens de cette même Église d'Éphèse que saint Paul s'adresse en rappelant leur charge pastorale :

> Soyez attentifs à vous-mêmes, et à tout le troupeau dont l'Esprit Saint vous a établis gardiens pour paître l'Église de Dieu, qu'il s'est acquise par le sang de son propre Fils. Je sais, moi, qu'après mon départ il s'introduira parmi vous des loups redoutables qui ne ménageront pas le troupeau (Ac 20,28-29).

Paul et Barnabé ne laissent aucune Église sans quelqu'un qui exerce pour elle cette charge pastorale : « Ils désignèrent des anciens dans chaque Église, et, après avoir fait des prières accompagnées de jeûne, ils les confièrent au Seigneur en qui ils avaient mis leur foi » (Ac 14,23). Deux appellations désignent alors les pasteurs de l'Église : les épiscopes et les presbytres ou anciens. Saint Paul explique à Timothée les conditions pour être épiscope :

---

1. Saint Augustin, Sermon 147, 2.

> Elle est sûre cette parole : celui qui aspire à la charge d'épiscope désire une noble fonction. Aussi faut-il que l'épiscope soit irréprochable, mari d'une seule femme, qu'il soit sobre, pondéré, courtois, hospitalier, apte à l'enseignement, ni buveur ni batailleur, mais bienveillant, ennemi des chicanes, détaché de l'argent, sachant bien gouverner sa propre maison et tenir ses enfants dans la soumission d'une manière parfaitement digne. Car celui qui ne sait pas gouverner sa propre maison, comment pourrait-il prendre soin de l'Église de Dieu ? Que ce ne soit pas un converti de fraîche date, de peur que, l'orgueil lui tournant la tête, il ne vienne à encourir la même condamnation que le diable. Il faut en outre que ceux du dehors rendent de lui un bon témoignage, de peur qu'il ne tombe dans l'opprobre et dans les filets du diable (1Tm 3,1-7).

Il donne les mêmes conditions à Tite en vue d'établir des anciens (cf. Tt 1,5-9). Saint Paul recherche des hommes vertueux qui sachent mener leur propre vie avant de pouvoir servir l'Église.

Les évêques et les prêtres

Le prêtre « pasteur des fidèles » exerce toujours sa charge en dépendance de l'évêque « pasteur de l'Église ». La distinction qui s'est réalisée progressivement entre les *épiscopes* et les *presbytres* se prolonge entre les évêques et les prêtres qui participent aujourd'hui à la charge pastorale dans l'Église. Le sacerdoce unit les évêques et les prêtres au Christ Pasteur, à des degrés différents comme l'enseigne le concile Vatican II, traitant d'abord des évêques :

> Ce saint Concile, s'engageant sur les traces du premier concile du Vatican, enseigne avec lui et déclare que Jésus Christ, Pasteur éternel, a édifié la sainte Église en envoyant ses Apôtres, comme lui-même avait été envoyé par le Père (cf. Jn 20,21) ; il a voulu que les successeurs de ces Apôtres, c'est-à-dire les évêques, soient, dans l'Église, pasteurs jusqu'à la consommation des siècles[2].
> Le saint Concile enseigne que les évêques, en vertu de l'institution divine, succèdent aux Apôtres, comme pasteurs de l'Église, en sorte que, qui les écoute, écoute le Christ, qui les rejette, rejette le Christ et celui qui a envoyé le Christ (cf. Lc 10,16)[3].

Puis le Concile traite des prêtres :

> Par la vertu du sacrement de l'ordre, à l'image du Christ prêtre suprême et éternel, ils sont consacrés pour prêcher l'Évangile, pour être les pasteurs des fidèles et pour célébrer le culte divin en vrais prêtres du Nouveau Testament[4].

Les évêques sont appelés *pasteurs de l'Église* et les prêtres *pasteurs des fidèles.* Cette distinction essentielle met en évidence que la charge pastorale est différente. Les évêques, « placés à la tête de chacune des Églises particulières, exercent leur autorité pastorale sur la portion du peuple de Dieu qui leur a été confiée, et non sur les autres Églises ou sur l'Église universelle[5] ». Quant aux prêtres, ils secondent l'évêque à qui ils sont unis et sous l'autorité de

2. Concile Vatican II, *Lumen Gentium*, n° 18.
3. *Ibid.*, n° 20.
4. *Ibid.*, n° 28.
5. *Ibid.*, n° 23.

qui ils exercent leur ministère, comme le souligne la prière d'ordination des prêtres. C'est ainsi qu'ils exercent une charge pastorale. « En vertu de leur consécration, écrit saint Jean-Paul II, les prêtres sont configurés à Jésus le Bon Pasteur et sont appelés à imiter et à revivre sa propre charité pastorale. » Le pape poursuit :

> En vertu de sa configuration au Christ Tête et Pasteur, le prêtre se trouve en cette situation sponsale qui le place en face de la communauté. « En tant qu'il représente le Christ Tête, Pasteur et Époux de l'Église, le prêtre a sa place non seulement dans l'Église, mais aussi en face de l'Église. » C'est pourquoi il est appelé, dans sa vie spirituelle, à revivre l'amour du Christ époux envers l'Église épouse[6].

Saint Jean-Paul II insiste sur les dimensions pastorale et sponsale chez le prêtre. La dimension sponsale du prêtre se vit en relation à la communauté quand elle se vit pour l'évêque en relation à l'Église. L'anneau de l'évêque est le signe du lien sponsal qui l'unit à l'Église. Comme pour la charge pastorale, nous observons des degrés différents entre l'évêque et le prêtre. Chaque fois, il s'agit de partir de l'épiscopat.

En invitant les évêques à voir dans les prêtres « des auxiliaires et des conseillers indispensables dans leur ministère et leur charge de docteurs, sanctificateurs et pasteurs du peuple de Dieu[7] », le concile Vatican II rappelle que les prêtres sont ordonnés pour seconder les évêques. En sens inverse, les prêtres « savent que les

---

6. Saint Jean-Paul II, *Pastores Dabo Vobis*, 1992, n° 22. Le pape cite la *propositio* 7 du synode de 1991 sur « la formation des prêtres dans les circonstances actuelles ».

7. Concile Vatican II, *Presbyterorum Ordinis*, n° 7.

évêques sont revêtus de la plénitude du sacrement de l'ordre ; ils doivent donc respecter en eux l'autorité du Christ Pasteur suprême[8] » précise le Concile dans ce même décret qui « concerne tous les prêtres, spécialement ceux qui exercent une charge pastorale[9] ». Cette dernière précision rappelle que tout prêtre n'exerce pas une charge pastorale[10].

À travers les pasteurs qu'il donne à son Église, Dieu continue de conduire son troupeau. Dans la préface des Apôtres, le prêtre dit au Père : « Tu n'abandonnes pas ton troupeau, Pasteur éternel, mais tu le gardes par les bienheureux Apôtres sous ta constante protection, pour qu'il soit dirigé par ceux-là mêmes que tu as établis à sa tête comme pasteurs au nom de ton Fils[11]. » L'Église est le troupeau de Dieu que lui-même confie aux pasteurs qu'il choisit.

De bons pasteurs

Les condamnations que Dieu adressait aux mauvais pasteurs avec le prophète Ézéchiel résonnent encore aujourd'hui. Le désir de Dieu est inchangé : il veut donner

8. *Ibid.*

9. *Ibid.*, n° 1.

10. Un moine, ordonné prêtre, ou un prêtre enseignant dans une faculté n'exercent pas à ce titre une charge pastorale. La liturgie peut apporter une certaine confusion quand elle retient le commun des pasteurs, pour l'office divin ou la messe, pour des prêtres qui n'ont pas exercé de charge pastorale. Peut-être devrait-elle renvoyer uniquement au commun des saints dans ces cas-là.

11. *Missel romain*, Première préface des Apôtres. L'Église donne au Père le titre de « Pasteur éternel », reprenant les rares mentions de ce titre attribué à Dieu dans la Bible. La formulation est étonnante puisque ce titre était donné à Jésus Christ par le concile Vatican II. Cf. Concile Vatican II, *Lumen Gentium*, n° 18.

à son peuple de bons pasteurs et met en garde face à ceux qui agissent mal.

Saint Pierre donne des repères clairs quand il s'adresse aux pasteurs, pour qu'ils soient bons. Il alterne trois risques et trois directives :

> Paissez le troupeau de Dieu qui vous est confié, veillant sur lui,
> non par contrainte, mais de bon gré, selon Dieu;
> non pour un gain sordide, mais avec l'élan du cœur;
> non pas en faisant les seigneurs à l'égard de ceux qui vous sont échus en partage, mais en devenant les modèles du troupeau (1P 5,2-3).

Trois risques

Dans ses propositions introduites par « non », saint Pierre relève trois risques que sont la toute-puissance, la cupidité et l'adulation. Ils sont autant de portes ouvertes aux abus que nous avons, hélas, connus dans l'Église et qui doivent toujours être condamnés. Nous pouvons établir un lien avec les trois tentations que Jésus connaît au désert. La toute-puissance est une autorité mal ajustée à laquelle correspond la première tentation : « Si tu es Fils de Dieu, dis à cette pierre qu'elle devienne du pain » (Lc 4,3). La cupidité peut correspondre à la deuxième tentation du diable dans ce repli sur soi et le désir d'avoir : « Je te donnerai tout ce pouvoir et la gloire de ces royaumes, car elle m'a été livrée, et je la donne à qui je veux » (Lc 4,6). L'adulation correspond à la troisième tentation dans l'intention de se faire servir : « Si tu es Fils de Dieu, jette-toi d'ici en bas; car il est écrit : "Il donnera pour toi des ordres à ses anges, afin qu'ils te gardent."

Et encore : “Sur leurs mains, ils te porteront, de peur que tu ne heurtes du pied quelque pierre” » (Lc 4,9-11). Il ne faudrait pas pousser à l’extrême le parallèle entre les trois risques du pasteur et les trois tentations du Christ. Cependant, le fait de les relier permet d’une part de mettre en évidence qu’ils sont de l’ordre du péché – dans lequel Jésus n’est pas tombé –, et d’autre part de trouver dans les réponses de Jésus la manière de ne pas succomber à ces tentations, en se nourrissant de la parole de Dieu, en rendant un culte à Dieu seul et en ne le tentant pas. Ces trois risques correspondent à des blessures dans le cœur de l’homme, infligées par l’héritage du péché originel, et dont le diable profite pour éloigner l’homme de Dieu en s’attaquant ici à ceux qui ont la charge du troupeau.

Ces risques rappellent les condamnations des mauvais pasteurs que rapporte le prophète Ézéchiel, dans un passage commenté verset après verset par saint Augustin dans son célèbre et long *Sermon sur les pasteurs*[12]. Saint Augustin relève six défauts chez les mauvais pasteurs à partir de Ez 34,1-6. Le premier est de se paître eux-mêmes, « de négliger le soin de leurs brebis quand ils en mangeaient le lait et qu’ils se couvraient de leur laine, cherchant ainsi leurs intérêts seulement et non ceux de Jésus Christ » (n° 5). Le deuxième défaut est le mauvais exemple. Celui-ci tue les brebis, car « quiconque se conduit mal en public donne autant qu’il peut la mort à celui qui le considère » (n° 9). Le troisième défaut est de ne pas fortifier les brebis en les prémunissant contre les tentations : « Que penser maintenant de ceux qui dans la crainte de déplaire à leurs auditeurs, non seulement ne les disposent pas aux épreuves qui les attendent, mais encore leur promettent pour ce monde une prospérité que Dieu

12. Saint Augustin, Sermon 46.

ne promet pas ? » (n° 11). Le quatrième défaut est de ne pas travailler à affermir les infirmes, de ne pas « présenter devant le Seigneur une âme paralysée, une âme qui ne peut plus rien sur ses membres, étrangère à toute bonne action, accablée sous le poids de ses péchés et sous la langueur de ses passions » (n° 13). Le cinquième défaut est de ne pas courir après la brebis égarée ; le danger concerne non seulement la brebis perdue, mais encore la brebis robuste à qui il peut plaire « de s'égarer et de se perdre aussi » (n° 15). Enfin, le dernier défaut est de laisser son troupeau se disperser et s'attacher « à tout ce qui est terrestre, à tout ce qui brille sur la face de la terre » (n° 18). Saint Augustin offre ici à chaque pasteur un examen de conscience en six points qui développent essentiellement les deux derniers risques relevés par saint Pierre. C'est un bon outil pour tout prêtre exerçant une charge pastorale !

Trois directives

Alors que les trois risques relevés par saint Pierre correspondaient à un repli du pasteur sur lui-même, les trois directives qu'il donne s'inscrivent dans la logique de l'amour qui est un don de soi : « De bon gré, selon Dieu, [...] avec l'élan du cœur, [...] en devenant les modèles du troupeau » (1P 5,2-3). Elles amènent le pasteur à considérer que le troupeau qui lui est confié ne lui est pas donné, mais que c'est lui qui est donné au troupeau de Dieu. Dans cet esprit, le bienheureux Alain de Solminihac, évêque de Cahors au XVIIe siècle, disait à Louis XIII : « Sire, vous ne m'avez pas donné un évêché, vous m'avez donné à un évêché[13]. » Chaque pasteur pourrait – ou devrait – en dire

13. Léonard Chastenet, *Vie de Mgr A. de Solminihac*, Prud'homme, Saint-Brieuc, 1817, p. 165.

autant. Tout chrétien est appelé dans la charité à vivre le don de lui-même : « Nous devons, nous aussi, donner notre vie pour nos frères » dit saint Jean (1Jn 3,16). Ce don, le pasteur le vit pour ses brebis dans une charité qualifiée de *pastorale*.

Les trois directives invitent le pasteur à agir avec générosité, selon le projet de Dieu, de manière à pouvoir être imité. Elles répondent à la promesse transmise par le prophète Jérémie : « Je vous donnerai des pasteurs selon mon cœur » (Jr 3,15). Une chose est la promesse, autre chose est la fidélité du pasteur à ce que Dieu a fait de lui. Dans la perspective de cette fidélité, les directives de saint Pierre sont essentielles. Le pasteur doit pouvoir reprendre à son compte les affirmations de saint Paul, sans se considérer meilleur que les autres : « Montrez-vous mes imitateurs, comme je le suis moi-même du Christ » (1Co 11,1). Avec saint Paul, le pasteur affirme : « Je suis le premier des pécheurs » (1Tm 1,15). En s'ouvrant à la miséricorde de Dieu, il pourra devenir un bon pasteur.

Après avoir parlé des mauvais pasteurs, saint Augustin, dans le *Sermon sur les pasteurs* précédemment cité, décrit les bons pasteurs dans leur unité avec le Christ, Bon Pasteur :

> S'il y a de bons fidèles, il y a certainement aussi de bons pasteurs, puisque ces bons pasteurs sont pris dans les rangs de ces bons fidèles. Mais tous ces bons pasteurs n'en forment qu'un seul avec le Pasteur unique. Quand ils font paître, c'est le Christ qui fait paître. Amis de l'Époux, ils ne parlent pas en leur nom, ils sont si heureux de faire entendre la voix de cet Époux ! Quand ils paissent, c'est donc lui qui paît ;

> c'est pourquoi il dit : « Je fais paître. » Ils font en effet entendre sa voix et sont animés de sa charité[14].

En s'efforçant de suivre les trois directives données par saint Pierre, les pasteurs se retrouvent unis dans le Christ qu'ils représentent sacramentellement.

À l'image du Bon Pasteur

Le Christ est la référence pour tout pasteur, bien qu'il n'ait jamais été prêtre à notre manière, tant des juifs que des chrétiens. D'une part, il est le pasteur annoncé par les prophètes : « Je susciterai pour le mettre à leur tête un pasteur qui les fera paître » (Ez 34,23). D'autre part, les pasteurs de l'Église sont tous configurés à lui par l'ordination.

Il décrit son rapport aux brebis dans un long discours allégorique où nous distinguons deux parties. Il parle d'abord de la sécurité qui doit régner au sein de la bergerie et du rapport particulier que les brebis ont avec leur pasteur dont elles reconnaissent la voix.

> En vérité, en vérité, je vous le dis, celui qui n'entre pas par la porte dans l'enclos des brebis, mais en fait l'escalade par une autre voie, celui-là est un voleur et un brigand ; celui qui entre par la porte est le pasteur des brebis. Le portier lui ouvre et les brebis écoutent sa voix, et ses brebis à lui, il les appelle une à une et il les mène dehors. Quand il a fait sortir toutes celles qui sont à lui, il marche devant elles et les brebis le suivent, parce qu'elles connaissent sa voix. Elles ne suivront pas un étranger ; elles le fuiront au contraire,

14. Saint Augustin, Sermon 46.

> parce qu'elles ne connaissent pas la voix des étrangers (Jn 10,1-5).

Avant d'aller plus loin et face à l'incompréhension des juifs qui l'écoutent, Jésus développe cette première partie en précisant qui sont les voleurs et les brigands dont il parlait et en employant une nouvelle image, celle de la porte.

> Jésus leur tint ce discours mystérieux, mais eux ne comprirent pas ce dont il leur parlait. Alors Jésus dit à nouveau : « En vérité, en vérité, je vous le dis, je suis la porte des brebis. Tous ceux qui sont venus avant moi sont des voleurs et des brigands ; mais les brebis ne les ont pas écoutés. Je suis la porte. Si quelqu'un entre par moi, il sera sauvé ; il entrera et sortira, et trouvera un pâturage. Le voleur ne vient que pour voler, égorger et faire périr. Moi, je suis venu pour qu'on ait la vie et qu'on l'ait surabondante » (Jn 10,6-10).

Dans une deuxième partie, Jésus se nomme le Bon Pasteur et il précise qu'il donne sa vie pour ses brebis. Le lien qu'il entretient avec ses brebis reçoit une lumière nouvelle puisqu'il est de même nature que celui qui l'unit à son Père. Il ouvre à une dimension universelle :

> Je suis le Bon Pasteur ; le Bon Pasteur donne sa vie pour ses brebis. Le mercenaire, qui n'est pas le pasteur et à qui n'appartiennent pas les brebis, voit-il venir le loup, il laisse les brebis et s'enfuit, et le loup s'en empare et les disperse. C'est qu'il est mercenaire et ne se soucie pas des brebis. Je suis le Bon Pasteur ; je connais mes brebis et mes brebis me connaissent, comme le Père me connaît et que je connais le Père,

> et je donne ma vie pour mes brebis. J'ai encore d'autres brebis qui ne sont pas de cet enclos; celles-là aussi, il faut que je les mène; elles écouteront ma voix; et il y aura un seul troupeau, un seul Pasteur (Jn 10,11-16).

À travers cette description qui s'applique à lui-même comme modèle, Jésus donne des indications à ceux qui seront appelés à exercer une charge pastorale en son nom. La clé de toutes ces indications réside dans le don de leur vie pour leurs brebis à l'image et à la suite de celui qui l'a donnée une fois pour toutes sur la croix et qui actualise ce sacrifice dans chaque eucharistie. Tout pasteur se doit d'actualiser dans chaque eucharistie le don qu'il a fait de lui-même à Dieu pour l'Église le jour de son ordination. Aucun pasteur ne peut se penser en dehors du Christ Bon Pasteur. Saint Augustin souligne cette unité :

> J'ai dit : « Je suis le Bon Pasteur » parce que tous les autres bons pasteurs sont mes membres; parce qu'il n'y a qu'un Chef, qu'un seul corps, qu'un seul Christ, conséquemment qu'un seul pasteur des pasteurs et que tous les pasteurs établis par lui sont, avec leurs brebis, sous ce Pasteur suprême. [...] Paître en dehors de moi, c'est être contre moi; et ne pas recueillir avec moi, c'est dissiper[15].

Nous retrouvons l'image du corps avec une unique tête, un unique Chef, appliquée aux pasteurs. Cette image était présente dans la promesse qui fait suite aux indications que saint Pierre donnait aux pasteurs : « Quand

15. Saint Augustin, Sermon 138.

paraîtra le Chef des pasteurs, vous recevrez la couronne de gloire qui ne se flétrit pas » (1P 5, 4).

Tout chrétien est invité à imiter le Christ et à cheminer dans la foi, en se découvrant membre d'un corps dont le Christ est la tête, pour pouvoir dire avec saint Paul : « Ce n'est plus moi qui vis, c'est le Christ qui vit en moi » (Ga 2,20). De même, tout pasteur est invité à imiter le Christ et à cheminer pour pouvoir ajouter : « Ce n'est plus moi qui pais, c'est le Christ qui paît en moi. »

Des pasteurs tournés vers Dieu

Le Christ est le Bon Berger qui conduit le troupeau vers les verts pâturages. Il est tout entier tourné vers le Père avec qui il ne fait qu'un (cf. Jn 10,30) et vers qui il conduit l'Église (cf. Jn 20,17). Les Évangiles le montrent régulièrement en prière, s'adressant directement à son Père (cf. Mt 11,25-27 ; Jn 11,41-42 ; Jn 17...). Il importe de souligner le primat de la prière dans la vie du pasteur, pour lui-même et pour ceux qui lui sont confiés, afin qu'il les conduise vers le Royaume des cieux que Dieu veut leur donner en héritage. Cette vie de prière, vitale pour tout baptisé, est indispensable pour que le pasteur agisse « selon Dieu » (1P 5,2). Le jour de son ordination, le prêtre promet à l'évêque d'être « toujours assidu à la charge de la prière » et, « de jour en jour, [de s']unir davantage au souverain prêtre Jésus Christ qui s'est offert pour nous à son Père en victime sans tache, et [de se] consacrer à Dieu avec lui pour le salut du genre humain[16] ». L'Église rappelle que le cœur de la vie du prêtre, pour qu'il agisse au nom

16. *Pontifical romain. L'ordination de l'évêque, des prêtres, des diacres*, n° 152 : « Engagement de l'ordinand ».

du Bon Pasteur, réside dans sa prière. Par le biais de la Congrégation pour le clergé, elle n'hésite pas à qualifier la vie spirituelle du prêtre « d'œuvre pastorale la plus importante » :

> Le dynamisme ministériel, privé d'une solide spiritualité sacerdotale, se traduirait tôt ou tard par un activisme vide, sans aucun prophétisme. Il est clair que la rupture de l'unité intérieure dans la personne du prêtre est avant tout la conséquence du refroidissement de sa charité pastorale, c'est-à-dire du refroidissement de « cet amour vigilant du mystère qu'il porte en lui pour le bien de l'Église et de l'humanité ».
> Rester dans une attitude d'adoration face au Bon Pasteur présent dans le Saint-Sacrement de l'autel, pour s'entretenir intimement avec lui, constitue une priorité pastorale de loin supérieure à toute autre. Le prêtre qui est guide d'une communauté doit mettre en place cette priorité, afin de se prémunir contre l'aridité intérieure, et pour ne pas devenir un canal asséché, qui ne pourrait plus rien transmettre à personne.
> C'est la spiritualité qui s'avère décidément l'œuvre pastorale la plus importante. Tout plan pastoral, ou projet missionnaire, de même que n'importe quel dynamisme dans l'évangélisation, qui feraient abstraction du primat de la spiritualité et du culte divin, seraient voués à l'échec[17].

17. Congrégation pour le clergé, *Le prêtre, pasteur et guide de la communauté paroissiale, op. cit.*, n° 11. La Congrégation reprend la définition de la charité pastorale de saint Jean-Paul II dans *Pastores Dabo Vobis*, n° 72.

Ce n'est pas sans rappeler les propos de dom Chautard, abbé de l'abbaye de Sept-Fons au début du XXe siècle, quand il soutient qu'un « prêtre vaut ce que vaut son oraison[18] ». Dans une retraite prêchée à des prêtres, le bienheureux dom Marmion, abbé de Maredsous à la même époque, insistait lui aussi : « Quels que soient vos talents, vos connaissances, votre enthousiasme au début du ministère, si vous n'êtes pas des hommes d'oraison, vous ne ferez rien qui vaille[19]. » Il encourageait les prêtres quant à l'impérieuse nécessité de l'office divin : « Qu'attend Dieu de ses prêtres ? La générosité à se dépenser pour le salut des âmes, sans doute ; mais ce don de soi demande à être fécondé par la récitation du bréviaire[20]. » Ce primat de la spiritualité et du culte divin rejaillit dans la première obligation des évêques et des curés qui, selon le droit, est de célébrer la messe pour le peuple. Les introductions des canons qui font état de ce devoir soulignent que c'est même la première obligation chronologique après la prise de possession du diocèse ou de la paroisse : « L'évêque diocésain, après la prise de possession de son diocèse, doit appliquer la messe pour le peuple qui lui est confié tous les dimanches et les autres fêtes de précepte dans sa région[21]. » En agissant ainsi, le pasteur s'efface devant le Bon Pasteur qui a donné sa vie pour ses brebis. Le pasteur actualise de

18. Dom Jean-Baptiste Chautard, *L'âme de tout apostolat*, Traditions monastiques, Flavigny-sur-Ozerain, 2004, première édition en 1915, p. 205.

19. Bienheureux Colomba Marmion, *Le Christ, idéal du prêtre*, Les éditions de Maredsous, Maredsous, 1952, p. 267.

20. *Ibid.*, p. 244.

21. *CIC* 388 § 1. Le canon concernant le curé reprend les mêmes termes : « Après la prise de possession de la paroisse, le curé est tenu par l'obligation d'appliquer chaque dimanche et fête d'obligation dans son diocèse la messe pour le peuple qui lui est confié ; s'il en était légitimement empêché, il la fera appliquer ces jours-là par un autre prêtre ou bien il l'appliquera lui-même un autre jour » (*CIC* 534 § 1).

manière non sanglante le sacrifice de la croix qui sauve le monde, en l'offrant pour le peuple qui lui est confié. Son premier acte est de conduire chaque dimanche et fête les brebis de son troupeau sur la patène qu'il présente au Seigneur. Cet acte du pasteur est si important que « le curé qui n'aurait pas satisfait à [cette] obligation [...] appliquera au plus tôt la messe pour son peuple autant de fois qu'il aura omis de le faire[22] ».

La vie spirituelle du curé ne peut pas être une parenthèse dans sa journée, séparée d'une vie apostolique, sans unité de vie. S'il y a le danger d'une vie sacerdotale sans vie spirituelle, il y a aussi celui de temps de prière désincarnés, sans passion des âmes, que nous ne pouvons pas appeler « vie spirituelle sacerdotale ». L'abbé Michonneau met le doigt sur ce risque qu'il a observé :

> Ce qui nous attriste, c'est de voir certains confrères – que nous savons certes animés d'excellentes intentions, désireux du bien – établis dans une étonnante tranquillité d'âme à côté de milliers d'âmes qui attendent d'eux le salut. D'où vient cette apathie ? Ils sont pourtant fidèles à leur règlement, ils ne manquent pas un exercice de piété prévu dès leur sortie du séminaire. [...]
> Comment appeler « bon prêtre », « saint prêtre » quelqu'un qui n'aurait pas la passion des âmes, simplement parce qu'il est régulier, ponctuel, et que, sur un ton lénifiant, il juge de toutes choses, allant jusqu'à lénifier en lui-même les problèmes qui devraient le tenailler et l'empêcher de dormir ? Ce n'est pas sa vie spirituelle qui le rend ainsi, mais une vie spirituelle appauvrie, sans profondeur, où

22. *CIC* 534 § 3. Il en est de même pour l'évêque (*CIC* 388 § 4).

le *Caritas Christi urget nos* n'a pas de place, une vie spirituelle qui n'est pas sacerdotale[23].

L'amour envers Jésus Christ, l'intimité qu'il entretient avec lui jour après jour dans sa prière en se laissant aimer et enflammer par la passion des âmes, et le fait d'offrir pour son peuple le sacrifice de la messe disposent le curé à devenir un pasteur selon le cœur de Dieu (cf. Jr 3,15). Les fidèles peuvent encourager leurs pasteurs à se tourner constamment vers Dieu, à qui ils disent avec ferveur : « Mon Dieu, donnez-nous de saints prêtres ! » Qui ne désire être conduit par un saint pasteur ?

---

23. Georges Michonneau, *Paroisse, communauté missionnaire*, *op. cit.*, p. 396-397.

5
Le curé, pasteur propre

Pour être une authentique communauté ecclésiale, la paroisse a besoin d'un pasteur qui représente et rend présent le Christ Bon Pasteur. En rappelant la célébration du sacrifice de la messe, l'administration des sacrements, la prédication et la conduite des fidèles par le prêtre, saint Jean-Paul II déclare :

> La présence du Christ, qui se réalise ainsi de manière ordinaire et quotidienne, fait de la paroisse une authentique communauté de fidèles. Pour la paroisse, l'importance d'avoir un prêtre comme pasteur est donc fondamentale. Et le titre de pasteur est spécifiquement réservé au prêtre. L'ordre sacré du presbytérat est en effet la condition indispensable et nécessaire pour être nommé curé validement. [...] Sans la présence du Christ représenté par le prêtre, guide sacramentel de la communauté, celle-ci ne serait pas en plénitude une communauté ecclésiale[1].

1. Saint Jean-Paul II, Audience aux participants de la plénière de la Congrégation pour le clergé, 23 novembre 2001, n° 2. In Congrégation pour le clergé, *Le prêtre, pasteur et guide de la communauté paroissiale*, *op. cit.*

Dans la ligne de l'évêque

Les évêques sont les véritables pasteurs de l'Église :

> Chaque évêque, à qui a été confié le soin d'une Église particulière, paît ses brebis au nom du Seigneur, sous l'autorité du souverain pontife, à titre de pasteur propre, ordinaire et immédiat, exerçant à leur égard la charge d'enseigner, de sanctifier et de gouverner[2].

Le Concile qualifie les évêques de « pasteurs propres ». Ils ne sont pas les vicaires du souverain pontife, même s'ils agissent sous sa primauté pontificale et en communion avec lui. À côté du titre de *pasteurs*, le Concile donne aussi aux évêques le titre de *pères*. Il reprend ainsi les différentes appellations données à l'Église : elle est « le troupeau dont Dieu a proclamé à l'avance qu'il serait le Pasteur […], la maison de Dieu dans laquelle habite sa famille[3] » :

> Dans l'exercice de leur charge de père et de pasteur, que les évêques soient au milieu de leur peuple comme ceux qui servent, de bons pasteurs connaissant leurs brebis et que leurs brebis connaissent, de vrais pères qui s'imposent par leur esprit d'amour et de dévouement envers tous et dont l'autorité reçue d'en haut rencontre une adhésion unanime et reconnaissante. Ils rassembleront et animeront toute la grande famille de leur troupeau, en sorte que tous, conscients de leurs devoirs, vivent et agissent dans une communion de charité[4].

2. Concile Vatican II, *Christus Dominus*, n° 11.
3. Concile Vatican II, *Lumen Gentium*, n° 6.
4. Concile Vatican II, *Christus Dominus*, n° 16.

Un principe hiérarchique

Pasteur propre, comme l'évêque

À la suite de l'évêque et dans le même décret sur « la charge pastorale des évêques dans l'Église », le curé est qualifié lui aussi, pour la première fois dans un Concile, de « pasteur propre » :

> À un titre tout spécial, les curés sont les coopérateurs de l'évêque : c'est à eux qu'est confié, en qualité de pasteurs propres, le soin des âmes dans une partie déterminée du diocèse sous l'autorité de l'évêque[5].

Le curé n'est pas plus vicaire de l'évêque que celui-ci ne l'est du souverain pontife. Seuls l'évêque et les curés sont dits « pasteurs propres ». Les curés sont aussi appelés ici « coopérateurs de l'évêque à un titre tout spécial », appellation attribuée à aucun autre membre du *presbyterium*. Le curé n'est pas pasteur au nom de l'évêque, mais en son nom propre sous l'autorité de l'évêque, comme le souligne l'adjectif « propre », agissant au nom du Christ le vrai Pasteur.

Par sa nomination et son installation, le curé rend présent l'évêque, dans un certain nombre de ses actes, pas selon la même nature, mais de manière analogue à l'évêque qui, avec la plénitude du sacerdoce, rend présent le Christ. Mais il rend aussi présent le Christ par son ordination sacerdotale qui le configure à lui – jusqu'à pouvoir agir dans les sacrements *in persona Christi* – et la mission qu'il reçoit de son évêque. L'évêque ne va pas prendre une décision pastorale spécifique pour telle paroisse mais pour son diocèse, et sa décision s'applique alors pour

5. *Ibid.*, n° 30.

cette paroisse[6]. L'évêque est *pasteur propre* du diocèse et non de la paroisse. Seul le curé, en communion avec son évêque, est *pasteur propre* de la paroisse. Lui seul, après avoir consulté ses paroissiens, décide de l'opportunité de la mise en place d'une initiative missionnaire ou d'un changement d'heure des messes, par exemple.

Nommé par l'évêque

Selon le droit, c'est toujours l'évêque qui nomme un prêtre curé d'une paroisse. En cas de vacance du siège épiscopal et de la charge curiale d'une paroisse, l'administrateur diocésain nomme un administrateur pour celle-ci. Ce n'est qu'après une année de vacance ou d'empêchement du siège que l'administrateur diocésain peut procéder à la nomination des curés[7]. Le droit souligne ainsi, d'une part, que le ministère curial est essentiel au point que la nomination des curés soit débloquée après une année et, d'autre part, qu'il est, jusque dans l'acte de nomination, intimement lié à l'évêque. Il reçoit une mission de gouvernement nécessaire au fonctionnement de la paroisse.

Ce ne sont pas les communautés paroissiales qui se donnent un pasteur, mais l'évêque qui donne un pasteur à une paroisse, ou plus exactement le Seigneur qui donne un pasteur à une communauté par l'intermédiaire de l'évêque. Saint Jean-Paul II relève le caractère sacramentel que revêt la fonction de curé :

> La fonction de guider la communauté en tant que pasteur, fonction propre du curé, dérive de son rapport particulier avec le Christ Tête et Pasteur.

---

6. Une exception pourrait se présenter si un évêque choisissait de prendre en charge la paroisse de la cathédrale.

7. *CIC* 525.

> C'est une fonction qui revêt un caractère sacramentel. Elle n'est pas confiée au prêtre par la communauté, mais, par l'intermédiaire de l'évêque, elle lui vient du Seigneur. Réaffirmer cela avec clarté, et exercer cette fonction avec une humble autorité, c'est un service indispensable à la vérité et à la communion ecclésiale. La collaboration d'autres personnes, qui n'ont pas reçu cette configuration sacramentelle au Christ, est souhaitable et souvent nécessaire. Mais ces personnes ne peuvent subroger d'aucune manière la tâche de pasteur propre qui est celle du curé[8].

Le saint pape Jean-Paul II souligne que la collaboration avec d'autres personnes est « souhaitable et souvent nécessaire ». Derrière ce point et « l'humble autorité » dont parle le pape, nous relevons la nécessaire communion du curé avec sa paroisse. Par la nomination de l'évêque, il devient aussi membre d'une communauté dont il est le pasteur.

Tenant la place de l'évêque

Historiquement, la genèse de l'office de curé s'éclaire par l'impossibilité pour l'évêque d'assurer en tout lieu la présidence de toute sa communauté diocésaine. Cependant, le titre de « pasteur propre » atteste que le curé n'est pas le *lieutenant* de l'évêque. Le concile Vatican II précise dans sa constitution sur la liturgie que le curé tient la place de l'évêque :

> Comme l'évêque dans son Église ne peut présider en personne à tout son troupeau, ni toujours ni partout,

8. Saint Jean-Paul II, Audience aux participants de la plénière de la Congrégation pour le clergé, 23 novembre 2001, n° 5. In Congrégation pour le clergé, *Le prêtre, pasteur et guide de la communauté paroissiale*, *op. cit.*

> il doit nécessairement constituer des assemblées de fidèles, parmi lesquelles les plus importantes sont les paroisses, organisées localement sous un pasteur qui tient la place de l'évêque; car, d'une certaine manière, elles représentent l'Église visible établie dans l'univers[9].

Alain Sériaux, professeur de droit civil et de philosophie du droit à la faculté Aix-Marseille, commente :

> De même que l'évêque est le « pasteur propre » de son Église, le curé est le « pasteur propre » de sa paroisse. *Ad instar episcopi*, le curé est aussi principe d'unité de la paroisse, ce qui se traduit pour lui par de lourds devoirs, mais aussi par de larges prérogatives en ce qui touche au gouvernement (fonction royale), à l'administration des sacrements (fonction sacerdotale) et au ministère de la parole (fonction prophétique). La terminologie et la phraséologie du Code ne laissent sur tous ces points place à aucun doute. Comment en irait-il autrement puisque le concile Vatican II n'a pas hésité à affirmer du curé, au sein de sa paroisse et vis-à-vis de ses paroissiens, qu'il « tient la place de l'évêque »? Par là, chaque curé occupe au sein de l'Église particulière une place notable. À certains égards, il est plus qu'un vicaire épiscopal : le vicaire agit au nom de son évêque, le curé, au contraire, en son nom propre[10].

---

9. Concile Vatican II, *Sacrosanctum Concilium*, n° 42.

10. Alain Sériaux, « La conception de la paroisse en droit canonique actuel », *Communio,* 1998/4, p. 36.

La mise en parallèle des canons concernant le diocèse (*CIC* 369) et la paroisse (*CIC* 515 § 1) dans le Code de droit canonique permet de mettre en évidence ce qui rapproche le curé de l'évêque :

Diocèse	Paroisse
Portion du peuple de Dieu	Communauté précise de fidèles
Qui constitue une Église particulière	Qui est constituée d'une manière stable dans l'Église particulière
Confiée à un évêque avec la coopération du *presbyterium*	Dont la charge pastorale est confiée au curé sous l'autorité de l'évêque diocésain
Pour qu'il en soit le pasteur	Comme à son pasteur propre

La mise en parallèle permet aussi d'éviter toute confusion entre l'évêque et le curé. Il convient de rappeler l'erreur de la doctrine théologique du parochisme qui pourrait revenir comme une tentation au moment de souligner la charge pastorale du curé. Née au XIIIe siècle avec Guillaume de Saint-Amour comme chef de file, cette opinion ressurgit après le concile de Trente. Elle peut se résumer ainsi : par institution divine, les curés ont une juridiction immédiate sur les fidèles. L'influence de cette doctrine fut telle que le pape Pie VI dut la condamner par la bulle *Auctorem fidei* du 28 août 1794. Si le presbytérat est d'institution divine, l'office de curé est d'origine ecclésiastique. Les deux canons mis en parallèle ci-dessus soulignent que l'évêque et le curé ne sont pas pasteurs de la même manière. Le curé tient la place de l'évêque, mais n'est pas l'évêque de sa paroisse.

La charge des âmes

Par sa nomination, le curé reçoit la charge des âmes des habitants de sa paroisse, la *cura animarum*. C'est de là qu'il tire son nom de « curé ». Quand le Code traduit en français *cura* par « charge », les Anglais et les Allemands traduisent ce terme par « soin » ou « prendre soin » (« *care* », « *sorgen* »). Prendre soin des âmes qui lui sont confiées, c'est travailler à leur salut avec les moyens que l'Église met à la disposition du curé.

« Est-il plus belle mission que de travailler au salut des âmes[11] ? » demande le chanoine Bailby qui témoigne de manière poignante de cette lourde responsabilité :

> L'angoisse des âmes ! Le curé en est constamment tourmenté. Le salut éternel des fidèles que son évêque lui a confiés dépend de son dévouement absolu et de son zèle infatigable. Si sa paroisse ne grandit pas en nombre et en piété, les enfants de la communion solennelle cessent bientôt de persévérer. Si trop de foyers se révèlent infidèles à leur amour conjugal, s'il voit des hommes et des femmes vieillir sans être touchés par la lumière de la foi, des paroissiens mourir sans les sacrements de l'Église, s'il devine autour de lui la masse immense des païens non entamée par sa prédication, le curé en souffrira au point d'en pleurer quelquefois de dépit et de tristesse.
>
> Il sait que tout ne dépend pas uniquement de lui, que l'esprit du mal a des ressources infinies pour contrecarrer son œuvre pastorale. Mais il sait aussi,

11. Pierre Bailby, *Le curé et sa paroisse*, *op. cit.*, p. 107.

> dans le secret de son cœur, que, s'il avait en lui-même plus de sainteté, plus d'activité, plus d'intelligence pénétrante, il aurait ramené à Dieu ou gardé dans la foi des âmes qui maintenant lui échappent[12].

Cet amour et ce service des âmes n'amènent cependant pas le pasteur à en être ou à s'en croire propriétaire, comme l'exprime l'abbé Michonneau :

> Aimant les âmes, et non pas ma paroisse, que m'importe de voir les fidèles de ma paroisse aller à la paroisse voisine si je sais par ailleurs qu'ils y trouvent mieux leur compte ? Il y en a d'autres qui m'inquiètent davantage : ce sont ceux qui ne vont nulle part[13].

De nombreux curés, animés de zèle apostolique, pourraient encore témoigner combien ils se retrouvent dans les propos de leurs deux confrères qui nous accompagnent de leur témoignage.

En communion

Le curé n'agit pas de manière indépendante. Il vit dans une triple communion : avec son évêque d'une part, selon la promesse qu'il a faite le jour de son ordination, avec le *presbyterium* d'autre part, comme nous venons de le décrire, et bien sûr avec le peuple qui lui est confié. Certes, tout prêtre promet de vivre en communion avec son évêque. Mais le fait d'être pasteur propre d'une portion du peuple de Dieu dont l'évêque est le pasteur propre

12. *Ibid.*, p. 105-106.

13. Georges Michonneau, *Paroisse, communauté missionnaire*, *op. cit.*, p. 404.

conduit le curé à vivre avec son évêque une communion particulière qu'Alain Sériaux décrit d'une belle manière :

> Le curé doit certes savoir obéir à son évêque : ni plus ni moins que les autres prêtres. Mais sa très originale charge de pasteur propre de la paroisse le tient à quelque chose de plus : une union, plus subtile mais plus radicale aussi, de son intelligence avec celle de son évêque ; une docilité qui provient non de la stricte obéissance, aussi forte soit-elle, à un supérieur, mais de l'adhésion pleine et entière à ce que pense l'évêque pour son Église. Diriger sa paroisse *ad mentem episcopi*, selon l'esprit (et le cœur) même de l'évêque, telle est la condition *sine qua non* pour qu'à travers la personne de son curé, la paroisse devienne ce qu'elle est, de manière latente mais ô combien patente : une « *portio populi Dei* », un « peuple de saints », reflet parfait de la sainteté de l'Église dans sa diversité et dans son unité[14].

Nous retrouvons ainsi les travaux de la Commission des évêques et du gouvernement des diocèses et de la Commission centrale du concile Vatican II et ce qu'ils disaient quant au rapport particulier existant entre l'évêque et ses curés :

> Le cœur, l'âme, le cerveau de la paroisse, c'est le curé. L'évêque reste certes le père et le pasteur du troupeau dont le curé lui-même fait partie ; mais le curé, comme l'affirme également le Synode romain, nommé par l'autorité ecclésiastique, est lui aussi un vrai pasteur

14. Alain Sériaux, « La conception de la paroisse en droit canonique actuel », *Communio*, 1998/4, p. 37.

et un père spirituel, sous la dépendance de l'évêque dont il est en même temps fils et collaborateur.
C'est pourquoi le curé est rattaché à l'évêque par des liens plus étroits que les autres prêtres. Il doit par conséquent à l'évêque une obéissance et une fidélité et un respect spéciaux dans tout l'exercice de sa charge.
De son côté, l'évêque est tenu de bien connaître ses curés, de s'intéresser à leurs problèmes et à leurs difficultés, de les suivre avec sollicitude et affection. Leurs travaux et leur sacerdoce aux uns et aux autres n'ont qu'un seul but : sauver des âmes[15].

Un pasteur

Comme l'évêque pour son diocèse, le curé, pasteur propre, se doit d'être un pasteur pour sa paroisse. L'allégorie du Bon Pasteur éclaire sa mission.

Le pasteur passe par la Porte

« Celui qui entre par la porte est le pasteur des brebis » dit Jésus (Jn 10,2) qui ajoute : « Je suis la porte » (Jn 10,9). Nous avons vu que le pasteur est configuré au Christ Pasteur et la nécessité pour lui d'être tourné vers le Christ Bon Pasteur. Ce n'est qu'en passant par le Christ que le curé peut convenablement exercer sa charge. Au moment d'être installé comme curé, il doit donc professer la foi de l'Église[16]. Tourné chaque jour vers le Christ, certain que

15. *Documentation catholique*, 1962, Col. 378. Travaux du 21 février 1962 au cours desquels la Commission centrale entend le rapport de la Commission des évêques et du gouvernement des diocèses.
16. *CIC* 833 § 6.

sans lui il ne peut rien faire, il peut quelquefois célébrer la messe pour lui-même selon le formulaire que l'Église donne « pour le prêtre lui-même ayant charge d'âmes ». La collecte de cette messe lui rappelle son indignité et la nécessité pour lui de se laisser d'abord conduire par le Seigneur :

> Seigneur Dieu, tu as voulu me mettre à la tête de ta famille non en raison de mes propres mérites mais par le seul don de ta grâce incomparable; accorde-moi d'accomplir d'une manière digne de toi le ministère sacerdotal; toi qui régis toutes choses, donne-moi de conduire le peuple que tu m'as confié. Par Jésus Christ[17]...

Le pasteur marche devant ses brebis

Jésus poursuit sa description du pasteur : « Ses brebis à lui, il les appelle une à une et il les mène dehors. [...] Il marche devant elles et les brebis le suivent » (Jn 10,3-4). Le troupeau n'est pas simplement bien installé dans le bercail avec son pasteur qui se contente de le nourrir. Il doit aussi les conduire, en étant « parfois devant le troupeau, parfois au milieu ou derrière, mais toujours là, avec le peuple de Dieu » comme aime le dire le pape François[18]. La prière sur les offrandes de la messe « pour le prêtre lui-même ayant charge d'âmes » rappelle cette dynamique :

---

17. *Missel romain*, Messe pour le prêtre lui-même ayant charge d'âmes, Collecte.

18. Pape François, Homélie du 25 avril 2021 à l'occasion des ordinations sacerdotales et diaconales.

> Seigneur Dieu, Maître souverain et bienveillant des jours et de l'histoire, dans ta bonté regarde les dons que ta grâce m'a accordés ; par la force de cette offrande, dirige le cœur de ton peuple et du prêtre que je suis, pour que le troupeau ne manque pas d'obéir à son pasteur, ni le pasteur, de se dévouer à son troupeau. Par le Christ[19]...

L'histoire et l'étymologie de la paroisse rappellent que les chrétiens sont en pèlerinage sur terre où ils ne sont qu'étrangers et de passage. L'église paroissiale donne certes une image de la stabilité d'un lieu où le troupeau peut se poser, mais elle est aussi le renvoi dans sa consécration à la Jérusalem céleste où se trouve le repos véritable. C'est là que le curé a la mission de conduire son troupeau : il doit faire des saints en marchant devant son troupeau et avec lui, portant la brebis infirme. Sans prétendre être parvenu au terme du chemin et conscient de son indignité, il doit entendre et proclamer l'appel universel à la sainteté et choisir le premier d'y répondre avec les moyens que le Seigneur lui donne. Comme un berger qui sait vers quel pâturage et par quel chemin il va conduire ses brebis, le curé sait où il doit conduire ses paroissiens et il discerne dans la prière par où il doit les conduire. Après avoir donné comme première exigence pastorale du curé le fait de transmettre l'Évangile, le chanoine Bailby ajoute :

> La deuxième exigence, aussi fondamentale, est de conduire son troupeau à la sainteté. Il s'agit d'obtenir que l'Évangile soit appliqué complètement et loyalement dans la vie de tous les jours.

19. *Missel romain*, Messe pour le prêtre lui-même ayant charge d'âmes, Prière sur les offrandes.

> En dépit de ce que peuvent penser ceux qui, plus ou moins consciemment, se contentent de peu, vivre l'Évangile n'est pas tellement facile. Quand il fait irruption de toute sa force dans une âme droite et disponible, il est capable de tout bouleverser. C'est un feu dévorant. Au curé de savoir allumer cet incendie magnifique.
> Faire des saints est une redoutable mission[20].

En tête du troupeau, le curé choisit humblement et résolument d'avancer sur ce chemin de la sainteté dont l'appel universel a été rappelé par le concile Vatican II[21].

Le pasteur donne sa vie pour ses brebis

Jésus donne un objectif clair pour tout pasteur : « Le bon pasteur donne sa vie pour ses brebis » (Jn 10,11). Jésus rappelle une exigence de l'amour, et par conséquent de cette charité pastorale que le curé est appelé à développer envers les brebis qui lui sont confiées. Cette exigence d'un curé envers son troupeau est la même que celle donnée par saint Paul pour un mari envers sa femme : « Maris, aimez vos femmes, tout comme le Christ a aimé l'Église et s'est livré pour elle » (Ep 5,25). La charité pastorale du curé implique qu'à l'image du Christ il donne sa vie aux brebis qui lui sont confiées.

Le chanoine Bailby témoigne du fait que toute la vie d'un curé est tournée vers son peuple :

---

20. Pierre Bailby, *Le curé et sa paroisse*, *op. cit.*, p. 63.

21. Concile Vatican II, *Lumen Gentium*, chapitre 5 : « La vocation universelle à la sainteté dans l'Église » (n° 39-42).

> Séparé du monde par sa vocation, présent pourtant à son peuple, un curé ne vit vraiment que pour ce peuple.
> Il le voudrait magnifiquement croyant et totalement missionnaire. Si ce peuple monte, il en éprouve une immense satisfaction. Si sa chrétienté s'effrite en qualité et en quantité, il en éprouve une amère douleur. […]
> Plein d'espérance ou tourmenté par le découragement, le plus humble des pasteurs, le moins brillant peut-être ressent du moins une grande tendresse envers le troupeau que Dieu et la bienveillante décision de son évêque ont confié à sa garde et à ses soins[22].

L'abbé Michonneau témoigne du souci du curé pour ses brebis quant à leur vie, tant surnaturelle et éternelle que naturelle et quotidienne :

> Non seulement dans une perspective d'éternité ou de surnaturel, mais très concrètement, très humainement, le pasteur porte le souci de toute la vie de ses brebis. S'il les aime, comme le Seigneur les lui a confiées, leurs problèmes deviennent ses problèmes, leurs souffrances, ses souffrances[23].

L'un comme l'autre témoignent du don du curé pour ses paroissiens, dans un amour empreint de juste tendresse et de compassion.

---

22. Pierre Bailby, *Le curé et sa paroisse*, *op. cit.*, p. 120.
23. Georges Michonneau, *Le curé*, *op. cit.*, p. 75.

Le pasteur connaît ses brebis et elles le connaissent

« Je connais mes brebis et mes brebis me connaissent » dit encore Jésus (Jn 10,14). Le Code de droit canonique décrit la manière avec laquelle le curé peut s'efforcer de connaître ceux qui sont confiés à ses soins :

> Pour remplir avec zèle sa charge de pasteur, le curé s'efforcera de connaître les fidèles confiés à ses soins ; aussi il visitera les familles, prenant part aux soucis des fidèles, surtout à leurs inquiétudes et à leurs deuils, en les soutenant dans le Seigneur, et en les reprenant également avec prudence s'ils venaient à faillir en quelque manière ; il aidera d'une charité sans bornes les malades, particulièrement les mourants, en les réconfortant avec sollicitude par les sacrements et en recommandant leur âme à Dieu ; il entourera d'une attention spéciale les pauvres, les affligés, les isolés, les exilés, ainsi que ceux qui sont aux prises avec des difficultés particulières ; il s'appliquera encore à soutenir les époux et les parents dans l'accomplissement de leurs devoirs propres et favorisera le développement de la vie chrétienne en famille[24].

Les paroissiens apprennent eux aussi à connaître leur curé. Cette connaissance mutuelle permet d'avancer ensemble dans la confiance et, dans l'humilité partagée, d'avoir une exigence réciproque. L'abbé Michonneau encourage les pasteurs à accueillir l'exigence des fidèles :

---

24. *CIC* 529 § 1.

> L'humilité devrait nous pousser à accepter volontiers les conseils de nos paroissiens, à solliciter même leurs critiques, car, après tout, c'est à leur service que nous sommes, et ils ont quelquefois sur l'efficacité de nos méthodes des lumières que nous n'avons pas. Ils voient et entendent des choses que nous ne pouvons ni voir ni entendre[25].

En sens inverse, complémentaire et non opposé, Clément Dillenschneider relève la nécessaire exigence du curé vis-à-vis de sa paroisse et de ses paroissiens :

> Tout curé d'une paroisse qui se dit chrétienne, et qui l'est à quelque degré, aura toujours à craindre que cette paroisse même, vivant de son acquis, sans viser plus haut, finisse par se scléroser, devienne conformiste et pharisienne. Il faut donc que son curé devienne exigeant pour elle. Et par ses exigences, il l'honore. Bernanos le dit en son langage dru dans *Les grands cimetières sous la lune* : « Votre erreur n'était pas de demander trop, c'était de ne pas demander assez, de ne pas demander tout, la vie même. »[26]

Le pasteur a encore d'autres brebis

« J'ai encore d'autres brebis qui ne sont pas de cet enclos » dit enfin Jésus (Jn 10,16) dans une parole qui rappelle à tout curé qu'il ne peut limiter sa mission au cercle visible et restreint des « catholiques pratiquants ».

---

25. Georges Michonneau, *Paroisse, communauté missionnaire*, *op. cit.*, p. 411-412.

26. Clément Dillenschneider, *La paroisse et son curé dans le mystère de l'Église*, *op. cit.*, p. 167.

Il a aussi sous sa responsabilité pastorale, non seulement des catholiques qu'il ne connaît pas ou trop peu, mais encore cette foule immense de ceux pour qui Jésus a donné sa vie par amour et qui ne le savent pas. Il doit trouver le meilleur moyen de le leur faire connaître avec l'aide de toute sa communauté.

L'abbé Michonneau résume cette tâche sans limites du curé :

> Il est le pasteur de son troupeau et il a la charge, non pas d'un troupeau mort ou somnolent, mais d'un troupeau en marche. Il a la responsabilité de ce troupeau tout entier : il faut que tout entier celui-ci ait sa nourriture, qu'il reçoive l'Évangile. Or, cette responsabilité pèse constamment sur lui, et sa tâche n'est jamais finie[27].

Il insiste :

> Non, pour un curé conscient de sa tâche, pour le curé qui veut être un pasteur et non un mercenaire, jamais le travail ne sera fini[28].

Les brebis qui ne sont pas de son enclos – de sa communauté – sont vraiment ses brebis. Sa paroisse va au-delà de son enclos comme le dit encore l'abbé Michonneau :

> Il nous plaît de ne pas réserver le nom « paroisse » à la communauté chrétienne, pas plus que nous ne voudrions la confondre purement et simplement avec le territoire paroissial.

---

27. Georges Michonneau, *Le curé, op. cit.*, p. 72-73.
28. *Ibid.*, p. 91.

> Il nous plaît que le mot évoque à la fois et la communauté fidèle et l'immense zone des « demi-fidèles » ou des infidèles.
> Il nous plaît que le mot projette à la fois notre regard et notre pensée et sur ceux « qui viennent » et sur ceux « qui ne viennent pas », parce que notre cœur précisément ne veut ni abandonner les uns ni oublier les autres[29].

En se tournant vers ceux qu'il ne voit pas ou qui ne viennent pas, le curé cherche à rassembler tout le troupeau de Dieu à l'image du Bon Pasteur.

Un père

La maternité de l'Église

Saint Cyprien développe la maternité de l'Église : « Il n'existe qu'une mère, riche des réussites successives de sa fécondité ; nous sommes nés de son sein, nourris de son lait, animés par son esprit[30]. » Il poursuit : « Tout ce qui s'éloigne du sein de la mère ne pourra vivre et respirer seul, mais perd sa possibilité de salut[31]. » Saint Cyprien en vient à la formule reprise par le *Catéchisme de l'Église catholique* : « Nul ne peut avoir Dieu pour Père s'il n'a l'Église pour mère[32]. » En parlant du baptême à l'évêque Boniface, saint Augustin souligne, lui aussi, le rôle maternel de

29. Georges Michonneau et Robert Meurice, *Pour une action paroissiale efficace, les Fils de la Charité*, Cerf, Paris, 1954, p. 11.
30. Saint Cyprien, *De Catholicæ Ecclesiæ unitate*, 214, 13-16.
31. *Ibid.*, 231, 11-12.
32. *CEC* 181. Saint Cyprien, *De Catholicæ Ecclesiæ unitate*, 214, 23.

l'Église : « Cela est donc l'ouvrage de toute l'Église, notre mère, qui est l'assemblée des saints ; toute l'Église nous enfante tous, et chacun en particulier[33]. »

La paroisse est une famille

Puisque l'Église est une mère, la paroisse revêt une dimension familiale. Développant combien la paroisse est un lieu d'apostolat communautaire, le concile Vatican II emploie, pour parler de la paroisse, l'expression « famille ecclésiale ». Comme toute famille, la paroisse est riche de sa diversité et s'ouvre ainsi à l'universalité :

> La paroisse offre un exemple remarquable d'apostolat communautaire, car elle rassemble dans l'unité tout ce qui se trouve en elle de diversités humaines et les insère dans l'universalité de l'Église. Que les laïcs prennent l'habitude de travailler dans la paroisse en étroite union avec leurs prêtres. [...] Selon leurs possibilités, ils apporteront leur concours à toute entreprise apostolique et missionnaire de leur famille ecclésiale[34].

L'image de la famille est quelquefois bien bousculée, mais elle continue d'éclairer la réalité paroissiale.

La paternité du curé

En raison de la maternité de l'Église et du caractère familial de la paroisse, le curé peut être qualifié de *père de famille* :

33. Saint Augustin, Lettre 98, 5.

34. Concile Vatican II, *Apostolicam Actuositatem*, n° 10b.

> Il est évident que la richesse de la paternité spirituelle du curé est comparable à celle d'un « *paterfamilias* » sacramentel de la paroisse, il lui faut créer des liens pour engendrer une fécondité pastorale[35].

Certes, nous n'avons tous qu'un seul Père par qui nous avons reçu la vie : « Tout don excellent, toute donation parfaite vient d'en haut et descend du Père des lumières, [...]. Il a voulu nous enfanter par une parole de vérité, pour que nous soyons comme les prémices de ses créatures » (Jc 1,17-18). Mais saint Paul enseigne que cette paternité s'exerce à travers celui qui transmet la parole qui enfante : « Auriez-vous en effet des milliers de pédagogues dans le Christ, que vous n'avez pas plusieurs pères ; car c'est moi qui, par l'Évangile, vous ai engendrés dans le Christ Jésus » (1Co 4,15). Il appelle donc Onésime son enfant : « La requête est pour mon enfant, que j'ai engendré dans les chaînes, cet Onésime » (Phm 10). Il parle même d'un nouvel enfantement quand il lui faut à nouveau annoncer l'Évangile aux Galates infidèles : « Mes petits enfants, vous que j'enfante à nouveau dans la douleur jusqu'à ce que le Christ soit formé en vous » (Ga 4,19).

Le curé est ainsi père dans la proclamation de l'Évangile qui ouvre à la vie. Il l'est encore dans l'administration des sacrements, et en particulier du baptême, qui est la première fonction qui lui est spécialement confiée. Dom Wintersig souligne la paternité qu'il exerce au baptistère, à la lumière de la maternité de l'Église :

> Il n'y a qu'un seul sacerdoce ministériel dans l'unique prêtre qui est le Christ, et la vie engendrée par le

35. Congrégation pour le clergé, *Le prêtre, pasteur et guide de la communauté paroissiale*, n° 19.

> baptême est partout et toujours la vie du Christ. Voilà pourquoi le curé est, en raison même du baptême, le père spirituel de tous ses paroissiens, y compris ceux qui ont été baptisés par son prédécesseur ou par son délégué. Et par une loi analogue d'homogénéité paroissiale, tous les enfants spirituels d'un curé, alors même qu'ils auraient reçu le sacrement ailleurs, doivent vénérer dans les fonts baptismaux de leur paroisse actuelle le lieu de leur régénération spirituelle. La maternité de la sainte Église est essentiellement une et la même partout[36].

Beaucoup ne peuvent imaginer les joies et les souffrances qu'un curé connaît en tant que père. Le chanoine Bailby le partage avec simplicité :

> Le public, qui, au fond, le connaît mal, ne se doute pas à quel point le souci des âmes ronge le cœur d'un curé de paroisse. Il le croit beaucoup plus détaché, plus lointain qu'il ne l'est en réalité. Il ne s'imagine pas que la paternité spirituelle puisse apporter des souffrances au moins égales à la paternité charnelle. Avoir, de longues années durant, avec patience et amour, éduqué une âme, puis la voir un jour échapper à l'amour divin, creuse dans celle du curé une blessure profonde. [...]
> Si la charge du curé présente des aspects multiples, c'est sous l'aspect de la paternité spirituelle, on ne saurait trop y insister, que les joies les plus grandes lui sont données[37].

36. Dom Athanasius Wintersig, « Le réalisme mystique de la paroisse », art. cit., p. 19.
37. Pierre Bailby, *Le curé et sa paroisse*, *op. cit.*, p. 106-108.

Le curé qui se donne au peuple qui lui est confié expérimente cette paternité spirituelle qui va au-delà d'un accompagnement spirituel. Nul ne peut imaginer ce que ressent le curé qui baptise dans la nuit de Pâques les catéchumènes que sa communauté a portés. Il se découvre l'heureux père d'autant de néophytes. Tel saint Joseph, il reçoit une vraie charge paternelle sur ceux que son épouse a engendrés par l'Esprit Saint et dont Dieu est le Père véritable. En tant que « "*paterfamilias*" sacramentel de la paroisse[38] », il porte le souci de la croissance de tous ses enfants, avec les joies et les souffrances qui peuvent y être associées. Il sait que ses enfants ne lui appartiennent pas, mais que le Seigneur les lui a confiés pour qu'il les fasse grandir en liberté sous son regard. Il n'a pas simplement la charge d'une communauté, mais la charge des âmes – de chacune des âmes – comme un père qui porte non seulement la charge de sa famille, mais aussi chacun de ses enfants. Pour accomplir cette charge, le curé agit au nom du Christ prêtre, prophète et roi.

38. Congrégation pour le clergé, *Le prêtre, pasteur et guide de la communauté paroissiale*, n° 19.

6

Les *tria munera*

La théologie catholique reconnaît trois fonctions à l'Église qui lui viennent des trois fonctions du Christ qui est prêtre, prophète et roi. Corps mystique du Christ, l'Église participe à cette triple fonction de sa tête. On appelle ces trois fonctions *tria munera Christi* ou *munus triplex*. L'onction est le point commun entre ces trois fonctions. Saint Thomas d'Aquin développe le sens du nom *Christ* dans son commentaire du premier verset de l'Évangile selon saint Matthieu :

> Mais on se demande pourquoi [Matthieu] dit : *le Christ*. *Jésus* n'aurait-il pas suffi ? Je réponds que cela a été fait parce que, comme on l'a dit, d'autres aussi ont été appelés Jésus. Lorsqu'il dit : *le Christ*, c'est-à-dire : « Oint », il le décrit par sa fonction. Il faut remarquer qu'il existe trois onctions dans la loi ancienne. Aaron a été oint pour devenir prêtre (Lv 8,11). Saül a été oint pour devenir roi (1R [1S] 10,1), ainsi que David (1R [1S] 16,13). Et Élisée a été oint pour devenir prophète (1R [1S] 19,16). Parce que le Christ a été le véritable prêtre [...], roi

> et prophète, il est donc appelé à juste titre *Christ*, en raison des trois fonctions qu'il a lui-même exercées[1].

Consacrés par l'onction, tous les baptisés participent à la triple fonction du Christ, prophétique, sacerdotale et royale. En les incluant dans la définition du Code, l'Église rappelle que l'exercice des *tria munera* est pour le curé la conséquence de la charge qu'il a des âmes :

> Le curé est le pasteur propre de la paroisse qui lui est remise en exerçant, sous l'autorité de l'évêque diocésain dont il a été appelé à partager le ministère du Christ, la charge pastorale de la communauté qui lui est confiée, afin d'accomplir pour cette communauté les fonctions d'enseigner, de sanctifier et de gouverner avec la collaboration éventuelle d'autres prêtres ou de diacres, et avec l'aide apportée par des laïcs, selon le droit[2].

Cette triple charge étant avant tout celle de toute l'Église, sa mise en œuvre dans la paroisse ouvre celle-ci sur le diocèse et l'Église universelle :

> Dans l'exercice de leur mission, les curés doivent, avec leurs auxiliaires, remplir la charge d'enseigner, de sanctifier et de gouverner d'une manière telle que les fidèles et les communautés paroissiales se sentent véritablement des membres du diocèse et de toute l'Église universelle[3].

---

1. Saint Thomas d'Aquin, *Commentaire de l'Évangile selon saint Matthieu*, n° 20.
2. *CIC* 519.
3. Concile Vatican II, *Christus Dominus*, n° 30 § 1.

Le curé a la charge d'une partie du corps mystique du Christ. Sa paroisse, subdivision de l'Église particulière qu'est le diocèse, ne peut vivre détachée du corps. C'est un présupposé au moment d'approfondir les fonctions prophétique, sacerdotale et royale propres au curé.

Il est clair aussi que le curé ne peut pas tout faire. S'il a bien la charge de l'enseignement dans la fidélité au magistère de l'Église, il ne va pas être celui qui enseigne dans tous les groupes. À l'image de l'évêque, il exerce un ministère de veille pour que la communauté paroissiale devienne ce qu'elle doit être : le corps (ecclésial) du Christ en ce lieu.

La fonction prophétique du curé

L'auteur de la Lettre aux Hébreux relève que la première tâche de ceux qui dirigent la communauté est d'annoncer la Parole : « Souvenez-vous de vos chefs, eux qui vous ont fait entendre la parole de Dieu » (He 13,7). Dans la suite du concile de Trente, le concile Vatican II enseigne que « parmi les charges principales des évêques, la prédication est la première[4] ». L'annonce de l'Évangile est donc aussi la première charge pour celui qui, dans sa paroisse, tient la place de l'évêque.

Le Code souligne que l'intégralité de la parole de Dieu doit être annoncée à l'intégralité des habitants de la paroisse. Ceux-ci sont mentionnés tant au début qu'à la fin du paragraphe consacré à la fonction prophétique :

> Le curé est tenu par l'obligation de pourvoir à ce que la parole de Dieu soit annoncée intégralement

4. Concile Vatican II, *Lumen Gentium*, n° 25.

> aux habitants de la paroisse ; c'est pourquoi il veillera à ce que les laïcs soient instruits des vérités de la foi, surtout par l'homélie à faire les dimanches et aux fêtes d'obligation, et par la formation catéchétique à dispenser ; il favorisera aussi les œuvres par lesquelles est stimulé l'esprit évangélique, y compris ce qui regarde le domaine de la justice sociale ; il apportera un soin particulier à l'éducation catholique des enfants et des jeunes ; il s'efforcera par tout moyen, en y associant aussi les fidèles, à ce que l'annonce de l'Évangile parvienne également à ceux qui se sont éloignés de la pratique religieuse ou qui ne professent pas la vraie foi[5].

Trois axes principaux sont ainsi donnés au curé : la proclamation de l'Évangile par la parole, le témoignage rendu par des actes et l'effort pour que l'annonce de l'Évangile parvienne à tous.

Proclamer l'Évangile par la parole

Le curé doit instruire et catéchiser les fidèles selon le droit qui lui impose aussi l'homélie les dimanches et aux fêtes d'obligation. Plus encore que le droit auquel il se soumet, c'est sa passion pour le salut des âmes qui le pousse à prêcher, selon le mandat missionnaire du Christ : « Allez dans le monde entier, proclamez l'Évangile à toute la création. Celui qui croira et sera baptisé sera sauvé, celui qui refusera de croire sera condamné » (Mc 16,15-16). Sa paroisse est le monde auquel il est envoyé et qui reste toujours trop vaste pour ses épaules. Il ne peut priver les hommes de la Parole

5. *CIC* 528 § 1.

qui sauve : « Proclame la Parole, insiste à temps et à contretemps, réfute, menace, exhorte, avec une patience inlassable et le souci d'instruire » (2Tm 4,2).

Le curé n'est pas envoyé pour gérer une paroisse et ses multiples activités. Sa première mission est d'annoncer l'Évangile. La connaissance qu'il a de sa paroisse et de ses paroissiens l'aide à l'annoncer de la manière la plus efficace possible. L'abbé Michonneau témoigne de la manière de mettre en application cette première responsabilité du curé :

> La première mission est donc de prêcher : parler du Christ, le faire connaître à ceux qui l'ignorent, le révéler plus largement à ceux qui croient le connaître, prêcher, quoi qu'il en coûte, prêcher en public ou en particulier, dans son église ou dans les demeures. À lui, bien sûr, de trouver le chemin des intelligences et des cœurs ; à lui de savoir parler la langue de ses ouailles, celles du XXe siècle, et non celles du XVIIIe. Que le chemin soit difficile ou raboteux, le prêtre doit annoncer l'Évangile. Le meilleur reste encore le chemin direct, toutes les fois qu'il est possible. Prétendre, par opportunité, qu'il faut se taire, se contenter d'être présent et d'attendre la germination secrète de je ne sais quelle semence, serait trahir son rôle et s'inscrire en faux contre la plus pure tradition paulinienne et ecclésiale[6].

Avec l'abbé Michonneau, nous sommes loin d'une pastorale de l'enfouissement. Parce qu'il s'agit de répondre à la fonction prophétique de l'Église, le curé est invité à avoir une âme de prophète. Sans chercher à déplaire

6. Georges MICHONNEAU, *Le curé*, *op. cit.*, p. 77-78.

à ceux à qui il s'adresse, il est avant tout serviteur de la Parole. Sa prédication est orientée vers le Christ devant qui il s'efface. Avec saint Paul, il peut dire : « Si je voulais encore plaire à des hommes, je ne serais plus le serviteur du Christ » (Ga 1,10).

Le curé n'est pas pour autant l'unique prédicateur dans sa paroisse. Je peux témoigner du bienfait de faire venir prêcher de temps à autre, pour une retraite ou une mission paroissiale, un prêtre extérieur.

Avec la prédication, le décret *Christus Dominus* et le canon 528 § 1 soulignent la formation catéchétique. La publication du *Catéchisme de l'Église catholique* en 1992 et du *Directoire pour la catéchèse* en 1997 puis en 2020 a aidé à mettre en lumière que la catéchèse n'est pas réservée à l'âge de l'enfance. Nécessaire dans le cadre de l'initiation chrétienne, elle reste indispensable pour tout chrétien devenu adulte dans la foi. Dans la préface du *YouCat* – le catéchisme pour les jeunes qui a été distribué à tous les jeunes rassemblés à Madrid en 2011 pour les Journées mondiales de la jeunesse –, le pape Benoît XVI écrit : « Vous devez connaître votre foi avec la même précision que celle du spécialiste en informatique qui connaît le système d'exploitation d'un ordinateur. Vous devez la comprendre comme un bon musicien comprend sa partition[7]. » Le curé doit donner à ses paroissiens les moyens pour approfondir leur foi en mettant en place des catéchèses pour adultes ou d'autres types de formations, en faisant venir des conférenciers, ou encore en orientant les fidèles vers les différentes instances de formations : au niveau diocésain ou interdiocésain, à travers

7. *YouCat*, Bayard - Fleurus-Mame - Cerf, Paris, 2011, préface du pape Benoît XVI, p. 10.

des formations en ligne de type MOOC[8]... Il cherche à s'adapter à leurs besoins.

Le *Catéchisme de l'Église catholique* présente la foi chrétienne en quatre grandes parties : la foi, les sacrements, la morale et la prière. Le curé s'efforce de toutes les enseigner de manière à ce que l'intelligence et le cœur de chaque fidèle en soient touchés. Son désir n'est pas de former des théologiens – même s'il peut encourager ses paroissiens qui ont les capacités et l'opportunité d'étudier – mais des chrétiens fidèles à l'enseignement de l'Église qui laissent le Christ prendre forme en eux en entretenant un cœur à cœur avec lui. S'il instruit ses paroissiens, c'est avant tout pour qu'ils deviennent des saints.

> Guider les fidèles vers une vie intérieure solide, sur la base des principes de la doctrine chrétienne, tels qu'ils ont été vécus et enseignés par les saints, est de loin l'œuvre pastorale la plus importante et fondamentale. Dans les projets pastoraux, cet aspect devrait précisément être privilégié. Plus que jamais il faut redécouvrir aujourd'hui que la prière, la vie sacramentelle, la méditation, le silence d'adoration, le cœur à cœur avec notre Seigneur, l'exercice quotidien des vertus qui nous configurent à lui, sont bien plus productifs que n'importe quelle discussion. C'est, en tout cas, la condition de son efficacité[9].

La formation que le curé donne à ses paroissiens à travers les catéchèses ou les prédications qu'il peut

8. Un MOOC (Massive Open Online Course) est un cours en ligne ouvert à tous.

9. Congrégation pour le clergé, *Le prêtre, pasteur et guide de la communauté paroissiale*, n° 27.

prononcer vise avant tout à ce qu'ils grandissent en disciples de Jésus, de manière à ce que toute leur vie soit centrée sur lui et à ce qu'ils aient le goût de vivre de lui et de l'annoncer. Il a le désir que chacun devienne en ce monde « disciple-missionnaire » et parvienne à la patrie céleste.

La formation qu'il assure le renvoie à « la nécessité de se perfectionner sans cesse pour appartenir toujours davantage au Christ Jésus[10] ». Pour lui-même et pour le service des âmes qui lui sont confiées, le curé ne peut se contenter de la formation qu'il a reçue au séminaire. Il est significatif qu'un tiers du *Directoire pour le ministère et la vie des prêtres* soit consacré à la formation permanente. Tant sur le fond que sur la forme, le curé doit se perfectionner pour que la joie de l'Évangile parvienne jusqu'aux confins des frontières de sa paroisse[11].

Témoigner par des actes

« Montre-moi ta foi sans les œuvres, écrit saint Jacques; moi, c'est par les œuvres que je te montrerai ma foi » (Jc 2,18). Si la prédication explicite de la foi est indispensable pour le curé, la transformation opérée par la foi dans le cœur des chrétiens doit aussi se voir. La foi doit se dire dans une paroisse et se lire dans la vie de la communauté. Le canon 528 § 1 précise que le curé doit favoriser « les œuvres par lesquelles est stimulé l'esprit évangélique, y compris ce qui regarde le domaine de la justice sociale[12] ». Il inclut cet effort dans la fonction

10. Congrégation pour le clergé, *Directoire pour le ministère et la vie des prêtres*, 2013, n° 86.

11. Cf. Prière finale de l'exhortation *Evangelii Gaudium* du pape François (n° 288) : « Pour que la joie de l'Évangile parvienne jusqu'aux confins de la terre. »

12. *CIC* 528 § 1.

prophétique de l'Église en précisant une manière pour la communauté chrétienne d'apporter « ce beau témoignage de charité[13] » dont parlait le Concile.

La paroisse, en tant que communauté eucharistique, est une communauté de charité dans laquelle se déploient les œuvres de miséricorde. Un curé est amené à avancer en ce sens : « Éduquer à l'exercice des œuvres de miséricorde spirituelle et corporelle demeure l'une des priorités pastorales et un signe de vitalité d'une communauté chrétienne[14]. » Au-delà de cette *éducation* qui appartient naturellement à la charge d'enseignement du curé, les œuvres de charité mises en place par ceux qui s'engagent en ce sens déploient la fonction prophétique de l'Église. Quand les nécessiteux peuvent trouver dans une paroisse l'aide dont ils ont besoin grâce à des chrétiens qui se sont engagés en ce sens – parfois à travers des associations –, ils sont plus réceptifs au message évangélique, d'une part parce qu'ils l'ont vu en actes, et d'autre part parce qu'ils ne sont plus focalisés sur leur besoin premier. Lorsque nous parlons des nécessiteux, nous pensons à toutes les formes de besoins auxquelles peuvent répondre les œuvres de miséricorde. C'est ainsi que le Secours catholique ou les Conférences Saint-Vincent-de-Paul accompagnent ceux qui vivent dans une pauvreté matérielle quand Visitatio accompagne ceux qui sont sur le point de mourir[15].

Ce témoignage de vie, première étape d'une évangélisation, n'est pas suffisant en lui-même pour répondre à la

13. CONCILE VATICAN II, *Christus Dominus*, n° 30 § 2a.

14. CONGRÉGATION POUR LE CLERGÉ, *Le prêtre, pasteur et guide de la communauté paroissiale*, n° 22.

15. L'association Visitatio a pour objet d'accompagner et de soutenir les personnes confrontées à une maladie grave évolutive ou en fin de vie, ainsi que leurs proches, en favorisant le maintien à domicile, cherchant à ajouter de la vie aux jours. Site Internet : visitatio.org.

fonction prophétique de l'Église. Dans son exhortation sur l'évangélisation, saint Paul VI souligne la nécessité d'une annonce explicite de l'Évangile :

> La Bonne Nouvelle proclamée par le témoignage de vie devra être tôt ou tard proclamée par la parole de vie. Il n'y a pas d'évangélisation vraie si le nom, l'enseignement, la vie, les promesses, le Règne, le mystère de Jésus de Nazareth Fils de Dieu ne sont pas annoncés[16].

Pour que l'annonce de l'Évangile parvienne à tous

La dimension missionnaire est, pour le Concile, comme un préambule à la description particulière des *tria munera* dans le ministère du curé :

> Le soin des âmes doit toujours être pénétré d'esprit missionnaire en sorte de s'étendre, d'une façon adaptée, à tous ceux qui habitent la paroisse. Si les curés ne peuvent atteindre certains groupes de personnes, qu'ils fassent appel à d'autres concours, même laïcs, pour les aider dans leur apostolat[17].

Le Code reprend cette dimension dans la fonction prophétique où elle est la plus manifeste, puisqu'il s'agit d'un ministère de la parole. Mais les fonctions sacerdotale et royale doivent elles aussi être imprégnées d'esprit missionnaire pour que la paroisse soit ce qu'elle doit être

16. Saint Paul VI, *Evangelii Nuntiandi*, n° 22.
17. Concile Vatican II, *Christus Dominus*, n° 30 § 1.

sous la conduite de son pasteur, c'est-à-dire une communauté missionnaire.

Comme pour toutes les autres tâches, le curé n'est pas celui qui doit tout faire. Il ne peut prétendre pouvoir rejoindre par lui-même chaque habitant de sa paroisse. Mais il ne peut non plus prétexter l'impossibilité de rejoindre tous les habitants pour démissionner de sa charge. En reprenant l'idée d'un curé de Nice, l'abbé Michonneau, dans sa paroisse du Petit-Colombes, invitait ses paroissiens à organiser des réunions chez eux avec leurs voisins où lui-même serait invité :

> Pourquoi ne pas reprendre la pratique des Apôtres qui réunissaient chez les premiers convertis tous ceux qui voulaient entendre la prédication de l'Évangile ? On convient avec un militant d'une date ; il invite pour ce soir-là ses voisins à une réunion chez lui, où un prêtre viendra et parlera de religion[18].

À la suite de l'abbé Michonneau, tout curé est invité à être inventif, à puiser dans les idées mises en œuvre par d'autres, et à discerner pour trouver les moyens les plus adaptés à son temps et à son lieu pour que l'annonce de l'Évangile parvienne à tous les habitants de sa paroisse.

Quant au contenu de l'annonce explicite faite tant par les paroissiens que par le curé, et quels que soient les moyens employés, originaux ou non, il s'agit avant tout du témoignage d'une vie transformée par la rencontre avec le Christ mort et ressuscité :

18. Georges Michonneau, *Paroisse, communauté missionnaire*, *op. cit.*, p. 203-204.

> Comment faire ? Non par les œuvres, mais par la parole, la conviction profonde, l'exposé clair du récit évangélique. Mieux encore : il faut pour cela qu'une âme se livre à une autre, qu'elle se raconte elle-même, qu'elle dise sa propre expérience, ses propres découvertes, qu'elle projette sa lumière sur les doutes et les incertitudes de l'autre[19].

Mais ce témoignage ne doit pas être tiède s'il se veut accessible. L'abbé Michonneau rappelle la radicalité de l'Évangile qu'il s'agit de proclamer et qui amène celui qui le reçoit à poser un choix personnel pour suivre le Christ :

> Il faut leur présenter le christianisme avec toutes ses exigences. Nous avons maintes fois remarqué que les militants qui n'hésitaient pas à présenter des exigences religieuses de transformation personnelle (nous ne disons pas des pratiques canoniques) s'imposent. Présentons le Sauveur, la nécessité d'une réponse personnelle à l'éternelle question religieuse. Depuis quelques décades, nous hésitons à parler des fins dernières, du salut de l'âme. Sans doute il n'est pas toujours opportun de brandir les foudres de l'enfer, et encore moins, bien entendu, d'en donner des descriptions macabres. Mais le problème de l'au-delà peut et doit être posé et faire réfléchir : être posé comme un problème personnel que personne d'autre ne résoudra que le propre intéressé[20].

Parmi les moyens proposés aux pasteurs pour déployer l'évangélisation dans leur paroisse figurent les

19. *Ibid.*, p. 189-190.
20. *Ibid.*, p. 191.

Cellules paroissiales d'évangélisation[21]. Au cours de la rencontre hebdomadaire en petit groupe, après avoir loué le Seigneur puis partagé ce qu'il a fait pour eux et ce qu'ils ont fait pour lui dans le domaine de l'évangélisation, les membres des Cellules écoutent et approfondissent un enseignement enregistré de leur curé qui exerce alors sa fonction prophétique. Au cours de la semaine, les fidèles vont s'efforcer d'être missionnaires auprès d'un de leurs proches[22]. C'est ainsi que les Cellules grandissent et se multiplient quand le nombre de membres le permet. Elles peuvent intégrer aussi bien des fidèles paroissiens que des gens qui découvrent tout du Christ. Elles leur évitent de se perdre au milieu de la communauté en leur offrant un cadre à taille humaine, une petite famille. À travers les membres des Cellules, par capillarité, le curé peut toucher les habitants de sa paroisse. Ses enseignements visent à rendre missionnaires ses paroissiens. Lui-même se doit de montrer l'exemple. Pour exercer la fonction que l'Église lui confie, le curé ne peut être qu'un apôtre. Après avoir décrit différents types de curés comme le bâtisseur, le mystique ou le directeur, l'abbé Michonneau conclut :

> Les types humains peuvent varier à l'infini, marquer de leurs nuances ou de leurs empreintes les pasteurs

21. Les Cellules paroissiales d'évangélisation sont un système développé dans de nombreuses paroisses. Fondé sur des rencontres hebdomadaires de petits groupes, il vise à aider les paroissiens à grandir comme disciples et à être missionnaires auprès de leurs proches. Site Internet : cellules-evangelisation.org.

22. La méthode d'évangélisation des Cellules paroissiales d'évangélisation consiste à choisir un de ses proches dans son milieu de vie appelé *oïkos* (famille, voisins, collègues de travail ou de loisir, amis) en reconnaissant que le Seigneur nous envoie d'abord là où nous sommes. Cette expérience rejoint la description de l'évangélisation de personne à personne donnée par le pape François dans *Evangelii Gaudium* n° 127-129. C'est un système idéal pour l'ancrage paroissial des néophytes.

> qui ont la charge des paroisses. Il n'y a qu'un seul trait primordial : la passion du salut des autres ; qu'un type essentiel de curé : l'apôtre[23].

Inlassablement, « à temps et à contretemps » (2Tm 4,2), le curé proclame la parole de Dieu, s'efforçant de le faire de manière à ce qu'elle puisse être entendue. Sa vie spirituelle est encore essentielle, car il s'agit pour lui de se laisser faire par le Seigneur pour transmettre la Parole qu'il a lui-même reçue. La parole adressée à Jérémie éclaire sa charge prophétique : « Vers tous ceux à qui je t'enverrai, tu iras, et tout ce que je t'ordonnerai, tu le diras » (Jr 1,7).

La fonction sacerdotale du curé

Le Concile développe la fonction de sanctification du curé essentiellement à travers l'eucharistie et la confession. Le curé doit faire en sorte que l'eucharistie constitue le cœur de la vie paroissiale :

> Pour remplir leur tâche de sanctification, les curés veilleront à ce que la célébration du sacrifice eucharistique soit le centre et le sommet de toute la vie chrétienne ; ils travailleront aussi à donner à leurs fidèles la nourriture spirituelle en les amenant à recevoir fréquemment et pieusement les sacrements, et à participer de façon consciente et active à la liturgie. Que les curés se rappellent également l'immense profit du sacrement de pénitence pour le progrès de la vie chrétienne ; aussi doivent-ils se montrer accessibles pour entendre les confessions

23. Georges Michonneau, *Le curé, op. cit.*, p. 69.

> des fidèles, faisant appel en cas de besoin à d'autres prêtres, parlant différentes langues[24].

Le Code reprend fidèlement cet extrait du décret *Christus Dominus* en apportant une double précision quant à « la sainte liturgie que lui, curé, sous la responsabilité de l'évêque diocésain, doit diriger dans sa paroisse, et dans laquelle il doit veiller à ce que ne se glisse aucun abus[25] ». Cette présidence fidèle de la liturgie est complétée au canon 530 avec la liste des fonctions spécialement confiées au curé, et en particulier la septième, « la célébration eucharistique plus solennelle le dimanche et les jours de fête d'obligation[26] ». Il ne lui est pas demandé de veiller à ce que cette célébration soit plus solennelle ces jours-là, mais surtout de l'assurer : même s'il peut bien sûr la déléguer, comme pour les autres fonctions qui lui sont spécialement confiées, le curé doit en tenir compte quand il établit le calendrier de répartition des messes avec ses éventuels vicaires et autres prêtres présents à ses côtés.

À travers ces indications, trois axes principaux se dégagent pour le curé quant à sa charge de sanctification : la liturgie, les sacrements et la prière.

La liturgie

Le curé est responsable de la liturgie. Il la reçoit de l'Église comme il reçoit d'elle le contenu de la foi. Il n'est pas propriétaire de la liturgie, mais il en est serviteur. Avec une grande clarté, le Concile stipule que le prêtre, et donc le curé, ne peut rien changer dans la liturgie :

24. Concile Vatican II, *Christus Dominus*, n° 30 § 2b.
25. *CIC* 528 § 2.
26. *CIC* 530 § 7.

> 1. Le gouvernement de la liturgie dépend uniquement de l'autorité de l'Église ; il appartient au Siège apostolique et, dans les règles du droit, à l'évêque.
> 2. En vertu du pouvoir donné par le droit, le gouvernement en matière liturgique appartient aussi, dans les limites fixées, aux diverses assemblées d'évêques légitimement constituées, compétentes sur un territoire donné.
> 3. C'est pourquoi absolument personne d'autre, même prêtre, ne peut, de son propre chef, ajouter, enlever ou changer quoi que ce soit dans la liturgie[27].

Recevant avec humilité et obéissance les règles liturgiques, le curé, en tant que pasteur, aide les fidèles à entrer dans la liturgie avec les meilleures dispositions possibles pour en recevoir les fruits :

> Pour obtenir cette pleine efficacité, il est nécessaire que les fidèles accèdent à la liturgie avec les dispositions d'une âme droite, qu'ils harmonisent leur âme avec leur voix, et qu'ils coopèrent à la grâce d'en haut pour ne pas recevoir celle-ci en vain (cf. 2Co 6,1). C'est pourquoi les pasteurs doivent être attentifs à ce que dans l'action liturgique, non seulement on observe les lois d'une célébration valide et licite, mais aussi à ce que les fidèles participent à celle-ci de façon consciente, active et fructueuse[28].

Dans un acte liturgique, les fidèles n'assistent pas de manière passive à un spectacle qui se déroule devant eux. Ils ne sont pas non plus actifs dans le sens où ils devraient

---

27. Concile Vatican II, *Sacrosanctum Concilium*, n° 22.
28. *Ibid.*, n° 11.

poser des actes extérieurs. Le fait que, dans ce même paragraphe, le Concile parle à la fois de la participation de façon active et des dispositions de l'âme permet de ne pas se méprendre sur ce que le Concile appelle *participation active*. Il s'agit pour le fidèle d'être tout entier présent à ce qu'il fait, avec toute sa personne. Le curé doit en tenir compte tant dans ses catéchèses sur la liturgie que dans sa manière de préparer la liturgie elle-même.

Les sacrements

L'eucharistie et la confession sont deux sacrements que le fidèle peut recevoir régulièrement tout au long de sa vie. Tout curé est tenu d'en permettre l'accès aux fidèles.

Les sacrements occupent une large place parmi les fonctions spécialement confiées au curé[29]. Le canon 883 § 2 lui reconnaît aussi de plein droit la faculté de confirmer le jeune sorti de l'enfance ou l'adulte qu'il vient de baptiser :

> Ont de plein droit la faculté d'administrer la confirmation :

29. « Les fonctions spécialement confiées au curé sont les suivantes :
1. L'administration du baptême.
2. L'administration du sacrement de la confirmation à qui est en danger de mort, selon le canon 883 § 3.
3. L'administration du viatique et de l'onction des malades, restant sauves les dispositions du canon 1003 § 2 et 3, ainsi que l'octroi de la bénédiction apostolique.
4. L'assistance aux mariages et la bénédiction nuptiale.
5. La célébration des funérailles.
6. La bénédiction des fonts baptismaux au temps de Pâques, la conduite des processions en dehors de l'église, ainsi que les bénédictions solennelles en dehors de l'église.
7. La célébration eucharistique plus solennelle le dimanche et les jours de fête d'obligation. » *CIC* 530.

> 2. Quant à la personne concernée, le prêtre qui, en vertu de son office ou par mandat de l'évêque diocésain, baptise quelqu'un sorti de l'enfance ou admet à la pleine communion de l'Église catholique quelqu'un déjà baptisé[30].

Il faut préciser que le curé est le ministre du baptême dans sa paroisse[31], y compris quand il s'agit d'adultes. S'il se tourne avant tout vers l'évêque quant à eux, c'est par déférence et pour lui laisser la possibilité de l'administrer lui-même, comme l'indique le canon 863 : « Le baptême des adultes, au moins de ceux qui ont 14 ans accomplis, sera déféré à l'évêque diocésain pour qu'il l'administre lui-même, s'il le juge opportun[32]. » C'est en vertu de son office que le curé baptise puis confirme les catéchumènes de sa paroisse, dès lors que l'évêque n'a pas manifesté le désir d'administrer lui-même les sacrements de l'initiation chrétienne.

La sanctification du peuple de Dieu est nourrie par les sacrements que le curé est tout naturellement chargé de célébrer[33] et de rendre accessibles pour sa communauté.

La prière

Toutes les manifestations extérieures de la foi des fidèles, comme les processions en dehors de l'église, sont à la charge du curé en tant que pasteur de la paroisse.

30. *CIC* 883 § 2.

31. *CIC* 530 § 1.

32. *CIC* 863.

33. Le vicaire paroissial coopère avec le curé. Il agit sous son autorité. Il célèbre lui aussi les sacrements. Cf. *CIC* 545-552. Il en est de même du diacre qui baptise ou reçoit les consentements. Le fait que des fonctions soient « spécialement confiées au curé » (*CIC* 530) ne signifient pas qu'elles lui soient réservées.

Il lui revient aussi d'organiser des temps de prière dans son église paroissiale, qu'il s'agisse de l'office divin, comme le propose le Concile[34], de veillée de louange ou de toute autre prière commune.

Les prières du *Rituel des bénédictions* viennent rejoindre les hommes de manière simple et directe dans ce qui fait le concret de leur vie. Le curé peut proposer largement la bénédiction des maisons, des commerces et autres lieux attachés aux activités humaines, ou encore toute autre bénédiction de ce rituel. Pour mettre en valeur la création dans l'élan de *Laudato si'*, il peut proposer de bénir les animaux le jour de la fête de saint François d'Assise par exemple[35]. Il rejoint ainsi des personnes dont l'animal est l'être vivant avec lequel elles passent l'essentiel de leur vie. En découvrant que leur animal, si cher à leurs yeux, a été créé par Dieu et qu'il leur est donné pour leur bonheur, ils peuvent profiter de sa présence pour se tourner vers Dieu. Le curé est invité à être inventif, en puisant dans les moyens que l'Église lui offre, pour développer la prière de ceux qui habitent sur le territoire de sa paroisse. Les bénédictions sont une belle porte d'entrée pour rejoindre la vie des gens. Le rituel rappelle le rôle spécifique du curé : « Pour les bénédictions d'une grande importance, qui regardent l'Église locale, il convient que la communauté diocésaine ou paroissiale soit rassemblée sous la présidence de l'évêque ou du curé[36]. » Les curés sont invités à profiter pleinement de ce rituel.

---

34. « Les pasteurs veilleront à ce que les Heures principales, surtout les vêpres, les dimanches et jours de fêtes solennelles, soient célébrées en commun dans l'église. » Concile Vatican II, *Sacrosanctum Concilium*, n° 100.

35. *Livre des bénédictions, Rituel romain*, édition revue et corrigée, 1995, n° 721-744.

36. *Ibid.*, Préliminaires généraux n° 16.

Le curé doit encore favoriser la vie de prière tant communautaire que personnelle au sein de sa paroisse. Il peut quelquefois être dépassé par une piété populaire à la doctrine approximative. Il sait avec saint Jean-Paul II que :

> La piété populaire ne peut être ni ignorée, ni traitée avec indifférence ou mépris, car elle est riche de valeurs et déjà par elle-même elle exprime le fond religieux de l'homme devant Dieu. Mais elle a besoin sans cesse d'être évangélisée, pour que la foi qui l'inspire s'exprime par un acte toujours plus réfléchi et authentique. Les « pieux exercices » du peuple chrétien, comme aussi les autres formes de dévotion, sont accueillis et recommandés, pourvu qu'ils ne se substituent pas et qu'ils ne se mélangent pas aux célébrations liturgiques. Une authentique pastorale liturgique saura s'appuyer sur les richesses de la piété populaire, les purifier et les orienter vers la liturgie comme offrande des peuples[37].

Le curé s'efforce d'être attentif à la piété des paroissiens pour qu'elle soit pour eux un chemin de sanctification.

La fonction royale du curé

La charge du gouvernement est parfois mal comprise. Par peur de faire de celui qui gouverne un « petit chef » ou de tomber dans ce que l'on appelle le cléricalisme, beaucoup préfèrent aujourd'hui remplacer le verbe

37. Saint Jean-Paul II, *Vicesimus Quintus Annus*, 1988, n° 18. Le pape a écrit cette lettre à l'occasion du 25e anniversaire de *Sacrosanctum Concilium*.

gouverner par le verbe *servir*. Certes, le gouvernement doit toujours être accompli dans un esprit de service, à la suite de Jésus qui s'est fait serviteur :

> Vous m'appelez Maître et Seigneur, et vous dites bien, car je le suis. Si donc je vous ai lavé les pieds, moi le Seigneur et le Maître, vous aussi vous devez vous laver les pieds les uns aux autres. Car c'est un exemple que je vous ai donné, pour que vous fassiez, vous aussi, comme moi j'ai fait pour vous (Jn 13,13-15).

Mais il y a deux erreurs dans le fait de remplacer « gouverner » par « servir ». La première erreur est de supprimer une fonction propre au pasteur. Tout fidèle, pasteur compris, est appelé à servir sa paroisse. La deuxième erreur consiste dans le fait de limiter le service à la fonction royale. Il s'applique aussi à l'enseignement et la célébration. La Congrégation pour le clergé établit cette distinction :

> La nécessité s'impose d'aider tous les prêtres séculiers et réguliers à assumer personnellement « la tâche pastorale prioritaire de la nouvelle évangélisation » et à redécouvrir, à la lumière de cet engagement, l'appel divin à servir la portion du peuple de Dieu qui leur est confiée, comme maîtres de la Parole, ministres des sacrements et pasteurs du troupeau[38].

38. Congrégation pour le clergé, Instruction *Le prêtre, maître de la Parole, ministre des sacrements et guide de la communauté en vue du troisième millénaire chrétien*, 1999, Introduction. La citation est tirée de : Saint Jean-Paul II, *Pastores Dabo Vobis*, n° 18.

L'Église souligne ici que le service s'accomplit pour le prêtre dans chacune des trois fonctions, prophétique, sacerdotale et royale.

Connaître, faire grandir et conduire

Le curé est amené à bien connaître les personnes qui lui sont confiées pour mieux les conduire. Le concile Vatican II, comme le Code qui en découle[39], insiste sur ce point :

> Pour bien faire leur devoir de pasteur, les curés devront avant tout se soucier de connaître leur troupeau. Comme ils sont les serviteurs de toutes les brebis, ils travailleront à l'accroissement de la vie chrétienne, tant en chacun des fidèles que dans les familles, dans les associations, celles surtout d'apostolat, et enfin dans toute la communauté paroissiale. Il leur faudra donc visiter les maisons et les écoles, comme l'exige leur charge pastorale ; s'intéresser avec zèle aux adolescents et aux jeunes ; entourer d'un amour paternel les pauvres et les malades ; avoir enfin un souci particulier des travailleurs, et engager les fidèles à apporter leur concours aux œuvres d'apostolat[40].

Il doit mener son troupeau vers la vie éternelle en Dieu, les eaux tranquilles et les verts pâturages où nous conduit notre unique Pasteur et dont parle le psaume 23. Peut-être est-il nécessaire aujourd'hui de retrouver la perspective eschatologique du mot paroisse, *paroikos*, pour comprendre que celle-ci n'est pas statique, mais

---

39. *CIC* 529.

40. Concile Vatican II, *Christus Dominus*, n° 30 § 2c.

qu'il s'agit d'avancer vers un but. Le chemin est aussi le même pour tous : c'est Jésus qui est « le Chemin, la Vérité et la Vie » (Jn 14,6). Chaque paroisse a son histoire qui fait qu'elle n'est pas au même « endroit » qu'une autre. Certaines paroisses nouvelles commencent aussi une histoire nouvelle, sans démarrer pour autant de zéro en raison du regroupement d'anciennes paroisses. Aussi, éclairé par l'Esprit Saint et avec l'aide de ses frères, le curé doit discerner le chemin que le Seigneur a tracé pour sa communauté, pour « l'accroissement de la vie chrétienne[41] », pour le Ciel.

Agir avec autorité

Le curé est un pasteur et un père. Il a reçu de l'évêque une autorité sur ceux qui lui sont confiés. L'Église a des mots très fermes pour inviter le curé d'une part à exercer cette autorité et d'autre part à l'exercer sans autoritarisme :

> Le prêtre qui, avec l'évêque et sous son autorité, est lui aussi pasteur de la communauté qui lui a été confiée, animé par conséquent par la charité pastorale, ne doit pas craindre d'exercer son autorité dans les domaines pour lesquels il est tenu de le faire, car c'est à cette fin qu'il a été constitué dans l'autorité. Il faut rappeler que même lorsque celle-ci est exercée avec la force qui est due, c'est en cherchant « *non tam præsse quam prodesse* » (non pas tant de commander que de servir) (saint Augustin, *Epistulæ* 134, 1). Celui qui doit exercer l'autorité doit plutôt se garder de la tentation de s'exempter de cette responsabilité, car s'il ne l'exerce pas il se soustrait

41. *Ibid.*

> au service. En étroite communion avec l'évêque et avec tous les fidèles, il évitera d'introduire dans son ministère pastoral aussi bien des formes d'autoritarisme impromptu que des modalités de gestion démocratique étrangères à la réalité la plus profonde du ministère et qui ont pour conséquence la sécularisation du prêtre et la cléricalisation des laïcs. Derrière des comportements de ce type, il n'est pas rare que puisse se cacher la peur d'assumer ses responsabilités, de se tromper, de n'être pas apprécié, de l'impopularité, d'aller à la rencontre de la croix, etc. ; au fond, il s'agit d'un obscurcissement de la racine authentique de l'identité sacerdotale : l'assimilation au Christ, Pasteur et Tête[42].

Les décisions concernant la vie de la paroisse ne relèvent pas, en rigueur de terme, des paroissiens, mais du curé. L'élaboration des décisions se fait avec les paroissiens, mais la responsabilité finale revient au curé qui a l'autorité pastorale. L'autorité ne doit en aucun cas écraser. Le mot *autorité* a pour racine *auctoritas*. Le verbe *augeo*, dont provient l'*auctoritas*, signifie *faire naître* ou *augmenter*. La véritable autorité est celle qui fait naître l'autre ou qui le fait grandir. L'autorité qu'exerce le curé doit conduire à la croissance de ceux dont il a reçu la charge et dont il doit prendre soin.

L'autorité curiale ne signifie pas qu'il agit seul. Elle l'amène à mettre en place les structures qui déploient la synodalité. La structure principale proposée est le conseil paroissial que préside le curé, même s'il n'est pas aujourd'hui obligatoire dans une paroisse. Il peut y avoir

---

42. CONGRÉGATION POUR LE CLERGÉ, Instruction *Le prêtre, maître de la Parole, ministre des sacrements et guide de la communauté en vue du troisième millénaire chrétien*, *op. cit.*, ch. IV, 3 § 5.

d'autres formes de collaborations comme les Équipes d'animation pastorale (EAP), qui ont été mises en place dans plusieurs diocèses en France. Composées du clergé local et de quelques laïcs nommés par le curé pour un temps déterminé, éventuellement en raison d'une mission particulière accomplie au sein de la paroisse, elles ont parfois une dimension exécutante en plus de conseillante. Pour reprendre une image qui a évidemment ses limites, nous pourrions dire qu'une EAP peut ressembler davantage à un gouvernement, même s'il n'est pas collégial[43], quand un conseil paroissial ressemble plus à un parlement. L'expérience française des EAP mérite d'être regardée avec intérêt, car elle permet une belle collaboration dans la mission. Pour ma part, en plus de l'EAP, je convoque chaque année une assemblée des responsables des services et des mouvements de la paroisse, de manière à inclure une dimension synodale plus large. Principe synodal et principe hiérarchique ne vont en effet pas l'un sans l'autre. Le principe hiérarchique est un pôle du principe synodal : tous les membres du corps prennent part à sa vie et la tête a une fonction particulière qu'elle doit assumer.

Comme un chef d'orchestre

Pour faire grandir les âmes et l'Église, le curé est chargé de discerner les charismes présents dans sa communauté et d'aider les fidèles à les exercer pour le bien du corps entier de l'Église. Il est comme un chef d'orchestre qui ne peut jouer la symphonie sans l'orchestre. S'il doit « diriger et

43. « Il faut éviter les expressions comme "team responsable", "équipe responsable", ou d'autres semblables, qui laisseraient entendre qu'il s'agit d'un gouvernement collégial de la paroisse. » Congrégation pour le clergé, *La conversion pastorale de la communauté paroissiale au service de la mission évangélisatrice de l'Église*, n° 66.

servir[44] » sa communauté, c'est en aidant chacun à jouer sa partition avec son instrument en communion avec tous les autres.

Dans sa constitution sur l'Église, le Concile rappelle que puisqu'ils ont reçu un même baptême, tous les fidèles reçoivent un même appel à la sainteté. Tous ont, dans l'Église, une égale dignité :

> Si donc, dans l'Église, tous ne marchent pas par le même chemin, tous, cependant, sont appelés à la sainteté et ont reçu à titre égal la foi qui introduit dans la justice de Dieu (cf. 2P 1,1). Même si certains, par la volonté du Christ, sont institués docteurs, dispensateurs des mystères et pasteurs pour le bien des autres, cependant, quant à la dignité et à l'activité commune à tous les fidèles dans l'édification du corps du Christ, il règne entre tous une véritable égalité[45].

Cette égale dignité ne fait pas des chrétiens des personnes interchangeables. Chacun a reçu le don de la grâce multiforme pour le bien de l'Église et en vue d'un service mutuel : « Chacun selon la grâce reçue, mettez-vous au service les uns des autres, comme de bons intendants d'une multiple grâce de Dieu » (1P 4,10). Le pape François rappelle le lien entre les charismes reçus et le ministère accompli dans l'Église :

> L'Esprit du Seigneur Jésus, source éternelle de la vie et de la mission de l'Église, distribue aux membres du peuple de Dieu les dons qui permettent à chacun,

44. Concile Vatican II, *Lumen Gentium*, n° 28.

45. *Ibid.*, n° 32.

> de façon diverse, de contribuer à l'édification de l'Église et à l'annonce de l'Évangile. Ces charismes, appelés ministères dans la mesure où ils sont publiquement reconnus et institués par l'Église, sont mis à la disposition de la communauté et de sa mission de façon stable[46].

Il est évident que le curé ne possède pas tous les charismes. Il n'est pas non plus à l'origine de toutes les initiatives dans sa paroisse, ni la source de toutes les intuitions. En vertu de son ordination qui l'établit comme signe sacramentel du Christ dans l'Église, il doit exercer son charisme de discernement dans sa paroisse. Le Concile rappelle le rôle des prêtres à cet égard :

> Éprouvant les esprits pour savoir s'ils sont de Dieu (1Jn 4,1), [les prêtres] découvriront et discerneront dans la foi les charismes des laïcs sous toutes leurs formes, des plus modestes aux plus élevées, ils les reconnaîtront avec joie et les développeront avec ardeur[47].

Le curé est amené à bien connaître ses paroissiens. Il ne s'agit pas seulement de savoir qui ils sont, ce qu'ils aiment ou ce qu'ils font, même si tout cela est utile. Il s'agit surtout pour le pasteur de découvrir ce cadeau que l'Esprit Saint a accordé à tel paroissien pour que l'Église remplisse localement sa mission. Les charismes sont distribués librement dans l'Église par l'Esprit Saint, comme le rappelle la Congrégation pour la doctrine de la foi dans une très belle lettre « sur la relation entre les dons

46. Pape François, *Spiritus Domini*, 2021.
47. Concile Vatican II, *Presbyterorum Ordinis*, n° 9b.

hiérarchiques et charismatiques pour la vie et la mission de l'Église » :

> Celui qui a reçu le don de guider l'Église a aussi pour tâche de veiller au bon exercice des autres charismes, de sorte que tout concourt au bien de l'Église et à sa mission évangélisatrice, tout en sachant que c'est le Saint-Esprit qui distribue à chacun les dons charismatiques comme il lui plaît (cf. 1Co 12,11). Le même Esprit donne à la hiérarchie de l'Église la capacité de discerner les charismes authentiques, de les accueillir avec joie et gratitude, de les promouvoir avec générosité, de les accompagner et d'exercer sur eux une vigilante paternité[48].

C'est ainsi que le curé amène chacun à jouer sa partition avec son instrument, selon l'image du chef d'orchestre. Puisque la paroisse est « communauté de communautés[49] », nous pourrions filer la métaphore en disant que le curé s'efforce d'équilibrer tous les groupes d'instruments en les aidant à s'accorder. Il dirige sa paroisse pour qu'elle réponde à sa mission d'être l'Église de Dieu en ce lieu.

La comparaison avec l'orchestre a évidemment ses limites et l'image du chef d'orchestre est imparfaite. Il ne s'agit pas pour le curé de mener sa paroisse à la baguette. Celui qui dirige véritablement l'Église, c'est l'Esprit Saint. Mais elle illustre une ecclésiologie de communion qui intègre dans l'Église tous les dons de l'Esprit, à la fois hiérarchiques et charismatiques. Elle met en lumière le fait que les charismes reçus de l'Esprit Saint par les uns et

48. Congrégation pour la doctrine de la foi, *Iuvenescit Ecclesia*, 2016, n° 8.
49. Pape François, *Evangelii Gaudium*, n° 28.

les autres ont besoin d'être exercés dans la communion et que le pasteur propre de la paroisse est au service de cette communion. L'exécution de l'œuvre sera d'autant plus belle que l'orchestre tout entier et celui qui le dirige sont en communion. De même que des musiciens ont une vie en dehors de l'orchestre, loin de la conduite du chef d'orchestre, les fidèles laïcs déploient leur vie chrétienne dans leur paroisse ou ailleurs sous leur propre conduite, ou plus exactement en se laissant là aussi « conduire par l'Esprit » (Ga 5,25).

Avec la charge d'âmes, le curé reçoit celle de gouverner au nom du Christ une partie du peuple de Dieu. Parmi les prêtres, cette fonction lui est spécifique. C'est une lourde responsabilité dont il aura à rendre compte au jour du Jugement, comme le rappelle à tous l'auteur de la Lettre aux Hébreux : « Faites confiance à ceux qui vous dirigent et soyez-leur soumis ; en effet, ils sont là pour veiller sur vos âmes, ce dont ils auront à rendre compte[50] » (He 13,17).

En guise de conclusion : l'installation du curé

Les rites liturgiques de l'installation du curé illustrent sa mission. Ces rites sont décrits dans le *Cérémonial des évêques*[51]. Avant de prendre possession de sa paroisse, le curé nommé est tenu « par l'obligation d'émettre personnellement la profession de foi, selon la formule approuvée par le Siège apostolique [...] devant l'ordinaire du lieu

50. Traduction liturgique de la Bible.

51. *Cérémonial des évêques*, n° 1185-1198. Ce chapitre concernant l'installation d'un nouveau curé est incorporé à la huitième partie du *Cérémonial des évêques* : « Les célébrations liturgiques liées à des actes solennels du gouvernement épiscopal ».

ou son délégué[52] ». La formule actuelle a été publiée par la Congrégation pour la doctrine de la foi en 1989. Après avoir récité le symbole de Nicée-Constantinople, le curé dit sa communion totale à l'Église et à ce qu'elle enseigne en matière de foi et de morale. Il a normalement été choisi comme curé parce que l'évêque a déjà reconnu en lui quelqu'un de « remarquable par sa saine doctrine et ses mœurs intègres, mû par le zèle apostolique et doté d'autres vertus[53] ».

Le lien à l'Église diocésaine est manifesté par le fait que c'est l'évêque ou son délégué qui installe le curé, lui-même nommé par l'évêque. Cette mise en possession ne peut être dispensée que pour une juste cause et avec notification de la dispense à la paroisse :

> Le curé est mis en possession par l'ordinaire du lieu ou par le prêtre délégué par ce dernier, en observant la manière prévue par la loi particulière ou reçue par une coutume légitime; cependant, pour une juste cause, l'ordinaire peut en dispenser; dans ce cas, la notification de la dispense à la paroisse tient lieu de prise de possession[54].

Les rites déployés dans la liturgie sont explicites. Le cérémonial précise qu'il « convient que l'Évangile soit proclamé par le curé lui-même[55] ». La fonction prophétique du curé est ainsi manifeste. Après l'homélie de l'évêque, « il est souhaitable qu'en réponse aux questions de l'évêque le nouveau curé renouvelle les promesses

52. *CIC* 833 § 6. Cf. *Cérémonial des évêques*, n° 1185.

53. *CIC* 521 § 2.

54. *CIC* 527 § 2.

55. *Cérémonial des évêques*, n° 1191.

qu'il a faites à son ordination[56] ». C'est en vertu de son ordination sacerdotale, qui lui permet de signifier sacramentellement la présence du Christ, que le curé est nommé. Une procession peut alors être organisée, « au cours de laquelle l'évêque, faisant le tour de l'église, remet au curé les divers lieux qui seront consacrés à son ministère : le siège de présidence, la chapelle du Saint-Sacrement, le baptistère, le confessionnal[57] ». À travers ces lieux, les fonctions sacerdotale et royale sont rendues visibles pour la communauté. En s'asseyant sur le siège sur lequel était assis précédemment l'évêque, il est bien celui qui tient sa place et qui préside la communauté. Le baptistère est ce lieu où il donne la vie divine et où est exprimée sa paternité. « L'évêque peut aussi inviter le curé à ouvrir la porte du tabernacle et à encenser le Saint-Sacrement[58]. » Dans un geste d'adoration, le curé est renvoyé à la dimension première de sa mission qu'est la prière dans ce face-à-face avec le Seigneur. « Au rite de paix, le curé donnera la paix à quelques fidèles représentant la communauté paroissiale[59]. » À travers ce geste qui est un des rites de communion, le nouveau curé manifeste la communion qu'il veut vivre avec les fidèles de sa communauté. La mention de quelques fidèles représentant la communauté pastorale peut laisser entrevoir une dimension synodale. « Une fois dite la prière après la communion, le curé est invité par l'évêque à s'adresser à la communauté[60]. » En tant que pasteur propre de la paroisse, tel que cela a été manifesté à travers tous les signes de la célébration, le

56. *Ibid.*, n° 1193.
57. *Ibid.*, n° 1194.
58. *Ibid.*, n° 1194.
59. *Ibid.*, n° 1196.
60. *Ibid.*, n° 1197.

curé s'adresse au peuple à qui il a été donné, comme un père à ses enfants. La liturgie nous offre peut-être dans ces rites le plus beau résumé de la fonction du curé.

7
Motifs objectifs de la stabilité du curé

Le concile Vatican II énonce pour le curé un principe de stabilité, en prenant soin de le distinguer de l'inamovibilité existant précédemment :

> Dans sa paroisse chaque curé doit jouir, en son office, de la stabilité que requiert le bien des âmes. En conséquence la distinction entre curés amovibles et curés inamovibles[1] est abrogée et on révisera et simplifiera la manière de procéder à la translation et au déplacement des curés, afin que l'évêque puisse dans le respect de l'équité, aux sens naturel et canonique du terme, pourvoir plus commodément aux exigences du bien des âmes[2].

Le dernier article du Code de droit canonique qui traite de la question du transfert des curés rappelle que

1. Il y avait des curés que l'évêque pouvait déplacer (amovibles) et d'autres qu'il ne pouvait pas déplacer (inamovibles), souvent liés à telle ou telle cure.
2. Concile Vatican II, *Christus Dominus*, n° 31.

« le salut des âmes [...] doit toujours être dans l'Église la loi suprême[3] ». Le bien des âmes est invoqué par le Concile tant pour rappeler la nécessaire stabilité du curé que pour permettre à l'évêque de le déplacer, la stabilité ne se confondant pas avec la perpétuité. La manière de présenter la stabilité du curé souligne d'une part qu'il ne s'agit pas d'un *pour toujours* et d'autre part qu'elle n'est pas soumise à une décision arbitraire de l'évêque.

Le principe de stabilité est incorporé en 1983 au droit de l'Église :

> Le curé doit jouir de la stabilité et c'est pourquoi il sera nommé pour un temps indéterminé; l'évêque diocésain ne peut le nommer pour un temps fixé que si cela a été admis par un décret de la Conférence des évêques[4].

Dans certaines régions comme la France, la possible nomination des curés pour une durée déterminée semble, bien souvent, être la règle. Dans l'esprit de nombreux fidèles, laïcs ou clercs, la mobilité correspond à une norme : un simple sondage met en évidence qu'il semble aujourd'hui par principe anormal qu'un curé demeure de nombreuses années dans une paroisse. Dans ce contexte, la Congrégation pour le clergé rappelle en 2020 que la nomination d'un curé à durée déterminée n'est qu'une exception :

3. *CIC* 1752.

4. *CIC* 522. La Congrégation pour les évêques reprend ce principe dans le Directoire pour le ministère pastoral des évêques, *Apostolorum Successores* : « Le bien des fidèles et l'exercice serein de la charge des âmes requièrent précisément la *stabilité* des pasteurs, qui doivent être, par principe, nommés pour un temps indéterminé, bien qu'il soit aussi possible d'effectuer une nomination temporaire, si cela a été approuvé par la Conférence épiscopale » (n° 212).

> Comme l'affirme le concile Vatican II, « dans sa paroisse chaque curé doit jouir, en son office, de la stabilité que requiert le bien des âmes ». Comme principe général, il est donc demandé que le curé soit « nommé à temps indéterminé »[5].

Le principe général de la nomination pour un temps indéterminé vise à mettre en évidence la nécessaire stabilité du curé.

Il convient de relever avant tout développement quatre points généraux qui éclairent celle-ci : l'office curial, le corollaire de la stabilité de la communauté, la configuration au Christ et l'analogie à l'évêque.

Au préalable, l'Église demande la stabilité curiale en raison de son office. La paroisse n'est pas confiée au curé comme un titre, à la façon d'un bénéfice, mais comme un office. Par définition, « un office ecclésiastique est toute charge constituée de façon stable par disposition divine ou ecclésiastique pour être exercée en vue d'une fin spirituelle[6] ». Ainsi, la stabilité du curé est inhérente à sa définition. La précision du canon 522 – « Le curé doit jouir de la stabilité et c'est pourquoi il sera nommé pour un temps indéterminé » – apparaît dès lors soit comme une redondance ou une insistance, soit comme la justification de la nomination à durée indéterminée, soit comme une manière de cadrer l'exception d'une nomination à durée déterminée.

Toujours selon un motif objectif, en tenant compte du double principe communautaire et hiérarchique de la paroisse, la stabilité du curé est le corollaire de la stabilité

5. CONGRÉGATION POUR LE CLERGÉ, *La conversion pastorale de la communauté paroissiale au service de la mission évangélisatrice de l'Église*, n° 68. L'instruction cite *Christus Dominus* 31 et *CIC* 522.

6. *CIC* 145 § 1.

de la communauté paroissiale. Certains feraient remarquer avec raison que la stabilité de la paroisse n'est pas toujours acquise et que de nombreuses communautés ont connu d'importants changements. Le père Dominique Barnérias s'interroge :

> Aujourd'hui, les paroisses semblent emportées dans des mutations accélérées, en particulier avec le grand chantier de restructuration des territoires dans de nombreux diocèses de France. L'Église est-elle donc prise dans ce mouvement de transformation sans fin ou peut-elle encore offrir une stabilité, garantissant aux croyants une certaine sécurité[7] ?

La stabilité tant de la communauté que du curé offre aux fidèles des repères solides.

Au-delà de la stabilité inhérente à tout office, la Congrégation pour le clergé relève qu'elle est liée pour le curé à sa configuration au Christ et à la dimension pastorale de cet office :

> Il est opportun de rappeler que l'office du curé, étant essentiellement pastoral, requiert plénitude et stabilité. Le curé devrait être une icône de la présence du Christ historique. C'est l'exigence de la configuration au Christ qui souligne cette obligation prioritaire[8].

La Congrégation pour le clergé apporte, avec l'autorité qui est la sienne, la justification la plus précise

---

7. Dominique Barnérias, *La paroisse en mouvement*, Desclée de Brouwer, coll. « Théologie à l'université », Paris, 2011, p. 18.

8. Congrégation pour le clergé, Instruction *Le prêtre, pasteur et guide de la communauté paroissiale*, n° 19.

de la stabilité du curé, *pasteur propre*. L'expression *pasteur propre*, employée par l'Église tant pour l'évêque que le curé, est la clé qui permet de comprendre son identité et sa mission en le définissant précisément dans son lien stable à sa paroisse.

Enfin, et dérivant de cette configuration au Christ, le ministère du curé est calqué sur celui de l'évêque et lui est étroitement lié. La stabilité de l'évêque – prévue comme naturelle par l'Église même si ce n'est pas toujours respecté – rejaillit sur ses « coopérateurs à un titre tout spécial[9] ». La nécessité objective de la stabilité du curé, pasteur d'une communauté paroissiale, trouve une justification dans trois dimensions du ministère de l'évêque, pasteur de l'Église : les dimensions pastorale, sponsale et paternelle.

Le curé est pasteur

Pour reprendre ce que nous avons développé, le curé est signe du Christ Bon Pasteur qui donne sa vie pour ses brebis. Les paroissiens constituent le troupeau dont il est le berger. Il exerce pour sa paroisse la triple fonction prophétique, sacerdotale et royale. Si les fonctions d'enseignement et de sanctification sont exercées par tous les prêtres quel que soit leur ministère, la fonction de gouvernement – qui lui a bien été transmise au moment de son ordination – prend une dimension concrète quand une portion déterminée du diocèse lui est confiée, avec la charge de prendre soin des âmes. Dans la condition spécifique du prêtre, la fonction royale est exercée dans sa plénitude par le curé. Son pouvoir est limité puisqu'il ne peut pas édicter de nouvelles lois, mais le fait d'exercer les

9. Concile Vatican II, *Christus Dominus*, n° 30.

tria munera fait de lui au sens plénier un pasteur. Il n'est pas un simple administrateur qui devrait rendre compte de chacun de ses actes, mais il agit en son nom propre, en tant que *pasteur propre*. La direction qu'il donne à sa paroisse lui est propre, même si elle est nécessairement en communion avec celle donnée par l'évêque pour le diocèse.

Puisque la charité pastorale du curé implique qu'à l'image et à la suite du Bon Pasteur il donne sa vie aux brebis qui lui sont confiées, il n'est pas logique de lui demander de reprendre sa vie sans une raison majeure, même si c'est pour la donner à d'autres. Ce serait nier le lien unique qui existe entre le pasteur et les brebis du troupeau qui lui est confié. Allant de paroisse en paroisse, certains curés de diocèses de province ayant procédé, en raison d'un manque de prêtres, à d'importants regroupements paroissiaux se retrouvent, à la fin de leur vie, à avoir été successivement curés de toutes les paroisses du diocèse[10].

Comme pasteur, le curé est apôtre. La lecture des Actes des Apôtres et des lettres de saint Paul montre qu'il y avait deux types de chefs de communauté : l'apôtre résidant et l'apôtre itinérant. L'apôtre résidant est illustré par saint Jacques, chef de l'Église de Jérusalem. L'apôtre itinérant est illustré par saint Paul. Chef, si on peut l'appeler ainsi, de plusieurs Églises acéphales, saint Paul désigne avec Barnabé des anciens pour chaque Église : « Ils leur désignèrent des anciens dans chaque Église, et, après avoir fait des prières accompagnées de jeûne, ils les confièrent au Seigneur en qui ils avaient mis leur foi » (Ac 14,23). Très vite, dès le IIe siècle, chaque Église a son chef parmi ses membres, même si des évêques itinérants sont apparus en

10. Le diocèse de Mende, par exemple, ne compte que cinq paroisses depuis le décret épiscopal du 18 octobre 2008.

Irlande au VIIe siècle. La dimension apostolique du pasteur n'implique donc pas nécessairement sa mobilité. Le territoire qui lui est confié définit le lieu de son apostolat. La diversité de ces types d'apostolat rappelle que tout prêtre n'est pas appelé à être curé. Selon les charismes des uns et des autres, il peut y avoir une diversité de missions dans un *presbyterium*, y compris des missionnaires itinérants.

Comme pasteur, le curé doit discerner les charismes que les fidèles vont pouvoir déployer avec lui. Le canoniste suisse Jean-Claude Périsset souligne la physionomie que la conjonction de tous ces charismes donne à la paroïsse et la nécessaire prise en compte par l'Église de cette dimension :

> Le Code devrait faire droit davantage à la dimension charismatique de la paroisse, tant de la part du curé que de la communauté elle-même. Chacun connaît des paroisses qui ont reçu une physionomie et une marque propres dans toutes leurs activités apostoliques grâce à la forte personnalité et au total engagement pastoral de leur curé. Il y a certes des normes qui répondent, en partie, à cette dimension, comme celles relatives à la stabilité du curé ; mais il conviendrait de coordonner plus explicitement les rapports entre la stabilité de l'office du curé et la stabilité de la paroisse comme personne juridique pour la mise en œuvre de la mission pastorale de l'Église.
> L'exigence de stabilité, tant de la communauté que du curé, n'est que la partie visible de ce que nous appellerions « l'iceberg » charismatique d'une paroisse. En effet, la communauté développe certaines œuvres ou certains mouvements en fidélité à sa mission propre de manifester localement le mystère de l'Église. [...] Pour une paroisse, le rayonnement d'un curé ou de l'un de ses membres, sa situation humaine, sociale,

> historique même [...] lui ont donné une tâche particularisée, une vocation qu'elle ne peut vivre que dans la stabilité pour laquelle la permanence du curé est un facteur important. D'où le devoir du curé de connaître le ou les charismes de la paroisse confiée, et d'y répondre par son ministère (canon 529 § 1)[11].

Le curé est, avec ses charismes propres, pasteur d'une partie précise du troupeau de Dieu qu'il doit conduire. La conjonction des charismes d'une communauté de fidèles et d'un pasteur donne une physionomie unique à une paroisse qui ne peut se déployer sans la stabilité de la communauté et de son curé.

Le curé est époux

Au cours de l'ordination d'un évêque, le célébrant principal lui passe l'anneau à l'annulaire de la main droite en disant : « Recevez cet anneau, signe de fidélité : gardez dans la pureté de la foi l'Épouse de Dieu, la sainte Église[12]. » Puisque l'évêque est lié à son diocèse dans une dimension sponsale[13], la question se pose de savoir si

11. Jean-Claude Périsset, *La paroisse, commentaire des canons 515-572*, Éditions Tardy, Paris, 1989, p. 19-20.

12. *Pontifical romain. L'ordination de l'évêque, des prêtres, des diacres*, n° 51.

13. Le pape François reprend régulièrement cette dimension sponsale et la fidélité qui lui est intrinsèque. Il en profite souvent pour mettre en garde face à un éventuel carriérisme : « Nous, pasteurs, ne sommes pas [...] des hommes ambitieux, qui sont époux de cette Église, dans l'attente d'une autre plus belle ou plus riche. Mais cela est un scandale ! Si un pénitent vient et qu'il me dit : "Je suis marié, je vis avec ma femme, mais je regarde constamment cette femme qui est plus belle que la mienne : est-ce un péché mon père ?" L'Évangile dit : c'est un péché d'adultère. Y a-t-il un "adultère spirituel" ? Je ne sais pas, réfléchissez-y. Ne pas attendre une autre plus belle, plus importante, plus riche » (Discours aux participants au congrès pour les nouveaux évêques le 19 septembre 2013).

celui qui le représente dans la paroisse est lié de la même manière à celle-ci. Nous avons vu avec saint Jean-Paul II que le prêtre est dans une situation sponsale en face de la communauté. Le curé est pour sa paroisse, de manière analogique quant à l'évêque, le signe visible du Christ époux de l'Église. Dom Wintersig, en reprenant l'histoire de la naissance des paroisses, défend cette analogie :

> Peu à peu, l'évangélisation touchant à un stade suffisamment avancé, les groupements extérieurs se modelaient, pour leur organisation et leur vie internes, sur la grande communauté épiscopale. Les nouvelles communautés ainsi formées constituaient des paroisses. Chacune d'elles avait à sa tête un curé, et celui-ci nouait avec sa communauté des liens analogues à ceux qui rattachaient l'évêque à son diocèse. La paroisse n'avait qu'un seul curé actuel. Ce dernier était inamovible, c'est-à-dire qu'idéalement parlant, il était à perpétuité uni à sa communauté comme représentant du Christ-Époux et comme chef médiateur de vie divine[14].

Il faut veiller à ne pas mettre le diocèse et la paroisse sur le même plan. En raison de la succession apostolique dans laquelle s'inscrit l'évêque, le diocèse appartient à la structure de l'Église par droit divin, tandis que la paroisse relève d'un droit administratif. L'évêque a donc autorité pour édicter des lois pour son diocèse qui s'appliquent à chacune des paroisses. Le curé met en œuvre ces lois, mais n'est pas lui-même source de lois nouvelles et particulières pour sa paroisse. Ainsi, pour ne retenir que le

14. Dom Athanasius Wintersig, « Le réalisme mystique de la paroisse », art. cit., p. 7-18.

domaine de la loi, le curé ne peut donner à sa paroisse ce que l'évêque peut donner à son diocèse. La distinction est importante. Elle permet de souligner une différence au cœur de l'analogie.

Le saint pape Jean-Paul II relève cette dimension sponsale chez tout prêtre, et d'une manière toute particulière chez celui qui a la charge d'une communauté : « En vertu de sa configuration au Christ Tête et Pasteur, le prêtre se trouve en cette situation sponsale qui le place en face de la communauté[15]. » Il faut garder à l'esprit qu'il s'agit pour le curé d'une analogie qui ne se substitue pas au fait que l'évêque est l'époux de l'Église particulière qu'est le diocèse et dont fait partie sa paroisse. La suppression de l'inamovibilité de certains curés par le concile Vatican II ne supprime pas cette analogie. Ce lien sponsal est lié à l'office. Il n'est pas un titre particulier donné au curé, mais une responsabilité qui lui incombe quant à sa paroisse. Il lui est donné comme le Christ se donne à l'Église :

> Maris, aimez vos femmes comme le Christ a aimé l'Église : il s'est livré pour elle afin de la sanctifier par le bain d'eau qu'une parole accompagne ; car il voulait se la présenter à lui-même toute resplendissante, sans tache ni ride ni rien de tel, mais sainte et immaculée (Ep 5,25-26).

La parole de saint Paul retentit dans le cœur du pasteur qui « représente le Christ Tête, Pasteur et Époux de l'Église[16] ». La paroisse est en droit d'attendre de son curé qu'il soit un époux qui prenne soin d'elle et à qui elle peut

15. Saint Jean-Paul II, *Pastores Dabo Vobis*, n° 22.
16. *Ibid.*

se donner dans une soumission mutuelle (cf. Ep 5,21-24). La charité pastorale est l'amour sponsal du prêtre, que décrit saint Jean-Paul II :

> Le don de soi, racine et sommet de la charité pastorale, a comme destinataire l'Église. Ainsi en a-t-il été du Christ « qui a aimé l'Église et s'est livré pour elle » (Ep 5,25). Ainsi doit-il en être du prêtre. Avec la charité pastorale qui imprègne l'exercice du ministère sacerdotal, comme un « office d'amour », « le prêtre, qui accueille la vocation au ministère, est en mesure d'en faire un choix d'amour, par lequel l'Église et les âmes deviennent son intérêt principal. Vivant concrètement cette spiritualité, il devient capable d'aimer l'Église universelle et la partie qui lui en est confiée, avec tout l'élan d'un époux pour son épouse »[17].

Dans une lettre ouverte, le père Frédéric Dumas, prêtre du Prado bouleversé dans sa vision de la prêtrise par la pensée de saint Jean-Paul II sur le mariage, rappelle l'importance de ce lien sponsal entre la communauté paroissiale et le curé :

> Ne serait-il pas souhaitable que dans les aménagements incessants dus à la pénurie, l'on n'oublie pas ce qui fait le cœur du ministère du prêtre : la configuration au Christ-Époux par la charité pastorale ? Trop de prêtres sont mis dans des situations qui ne leur permettent pas d'épanouir leur « être-prêtre » de cette manière-là et deviennent des managers, de bons animateurs de liturgie vivante, ou des aumôniers

17. *Ibid.*, n° 23. Saint Jean-Paul II cite une expression de saint Augustin et une intervention qu'il a faite à un congrès le 4 novembre 1980.

> « copains »... Trop de communautés paroissiales souffrent de l'absence de ce lien sponsal avec leur curé. C'est pourtant irremplaçable[18].

Le lien sponsal que le prêtre a avec l'Église se vit pour le curé à travers sa communauté paroissiale qu'il aime et qu'il veut belle et resplendissante. Elle est pour lui le visage de l'Église à qui il est donné. La dimension sponsale appelle la fidélité et la stabilité. La mobilité régulière et programmée des curés ne sert pas ce lien et sa visibilité.

Le curé est père

Le curé est *chef* de sa paroisse en tant que chef de famille, « "*paterfamilias*" sacramentel de la paroisse[19] ». Dans la première lettre à Timothée, nous pouvons relever que ce sont bien ces qualités d'un père de famille qui sont requises pour choisir un chef de communauté : « Celui qui ne sait pas gouverner sa propre maison, comment pourrait-il prendre soin de l'Église de Dieu ? » (1Tm 3,5).

Heinrich Kahlefeld, théologien allemand, développe la responsabilité du curé comme *paterfamilias* de sa communauté paroissiale. En renvoyant à saint Paul, il associe la paternité du curé à un charisme reçu. Le curé ne se donne pas à lui-même cette paternité, mais il la reçoit et doit l'exercer de manière concrète comme un don reçu pour le bien de tous. Ce qui incombe à un père de famille quant aux membres de sa famille incombe au curé quant

18. Frédéric Dumas, *Prêtre et époux ? Lettre ouverte à mon frère prêtre*, Mame, Paris, 2018, p. 53.

19. Congrégation pour le clergé, Instruction *Le prêtre, pasteur et guide de la communauté paroissiale*, *op. cit.*, n° 19.

à ses paroissiens, comme veiller sur la santé de chacun ou transmettre le patrimoine qu'il a reçu et constitué.

> Le curé est père de famille de sa communauté paroissiale. Comme pasteur du troupeau, il est responsable de l'ordonnance de la vie communautaire, de la santé spirituelle et corporelle de chacun, de la conservation et de la transmission du patrimoine de la foi apostolique, et de la célébration correcte et digne des sacrements. À lui aussi s'applique la parole de l'Apôtre : « Ne néglige pas le don spirituel (le charisme) qui est en toi, qui t'a été conféré des presbytres » (1Tm 4,14) ; et encore : « … Je t'invite à raviver (*anazopyrein*) le don que Dieu a déposé en toi par l'imposition des mains » (2Tm 1,6)[20].

En renvoyant à l'invitation que saint Paul adresse à Timothée, Heinrich Kahlefeld souligne que ce don de la paternité nécessite d'être entretenu.

Sans entrer déjà dans des motifs subjectifs, notons que nous ne sommes pas appelés à changer de père et que la dimension paternelle du curé vis-à-vis de sa paroisse implique sa stabilité. La rupture de ces liens qui ont été créés explique, tant pour les paroissiens que pour le curé, l'arrachement causé par le départ de ce dernier.

Par son ordination, tout prêtre est configuré au Christ Pasteur, Époux et Chef de l'Église. En raison de son office, reçu de son évêque, le curé vit cette configuration d'une manière toute particulière pour une communauté ecclésiale précise qui est pour lui la cellule

20. Heinrich Kahlefeld, « La communauté chrétienne d'après le Nouveau Testament ». In Hugo Rahner, *op. cit.*, p. 81.

de l'Église universelle. Ce rapport unique, qui implique un don total de lui-même, fait que sa paroisse n'est interchangeable avec aucune autre. Il n'est pas pasteur en soi, époux en soi ou père en soi. Il est pasteur d'une communauté paroissiale, époux de cette paroisse et père de cette famille paroissiale. Les définitions de la paroisse et du curé que nous avons approfondies dans les premiers chapitres fondent objectivement sa stabilité.

8
Motifs subjectifs de la stabilité du curé

Le bien des âmes est la motivation énoncée par le Concile quant à la nécessaire stabilité du curé. Nous entrons dans une dimension subjective, car il s'agit de discerner dans chaque contexte ce qui contribue le mieux à ce bien. Le bien des âmes, c'est leur salut. « Dieu veut que tous les hommes soient sauvés et parviennent à la connaissance de la vérité » (1 Tm 2,4). Deux axes se dégagent alors : le bien des âmes des personnes en elles-mêmes et le bien qu'elles entretiennent et développent dans des relations mutuelles.

Dans une perspective personnelle

Pour n'oublier personne, même s'il faudrait s'intéresser évidemment à chacun, et avec les limites que comporte toute classification systématique, nous pouvons considérer, du point de vue pastoral, trois âmes ou trois catégories.

La première âme que nous distinguons est celle du fidèle. Il faudrait établir encore de nombreuses catégories entre le fidèle pratiquant, le fidèle peu pratiquant ou encore le vicaire paroissial. Les distinctions pourraient aussi se faire entre les laïcs, les religieux, les diacres et les autres prêtres. Malgré tout, nous les réunissons en un ensemble, car ils ont en commun d'avoir reçu par leur baptême le don de la grâce de Dieu et d'appartenir à la famille paroissiale, qu'ils en soient des enfants engagés et actifs, ou distants et perdus. Ils sont des fidèles du Christ.

La deuxième âme qui intéresse tout pasteur est celle de celui pour qui Jésus a donné sa vie, mais qui l'ignore et n'a pas ouvert son cœur à son amour. C'est la foule immense de ceux qui n'ont pas reçu les sacrements de l'initiation chrétienne et qui peuplent le territoire de la paroisse. Les baptisés n'ayant jamais posé un pied dans l'église depuis le jour où ils ont reçu la grâce baptismale et sont devenus membres de la communauté peuvent être davantage associés à cette catégorie qu'à la première quant à leurs besoins. Par sa délimitation géographique, la paroisse définit un territoire de mission pour le curé et détermine les âmes dont il a la charge, dont il doit prendre soin, même si elles n'appartiennent pas aujourd'hui au troupeau de Dieu.

La troisième âme distincte des deux autres est l'âme du curé lui-même. Il ne faut pas oublier en effet le bien de l'âme du curé qui ne peut négliger son propre salut, quand bien même il s'épuiserait pour le salut de tous. « Que sert à un homme de gagner le monde entier, s'il vient à perdre son âme[1] ? » demande Jésus (Mt 16,26). Ce n'est pas le curé qui est le sauveur de sa paroisse, mais Jésus, venu pour sauver tous les hommes, y compris le curé.

1. Traduction de la Bible Crampon.

Les âmes des fidèles de la paroisse

« [Vos chefs] veillent sur vos âmes » (He 13,17). L'auteur de la Lettre aux Hébreux rappelle en quelques mots la mission essentielle de ceux qui dirigent la communauté chrétienne : le soin des âmes des fidèles. Le curé a le désir ultime que tous ses paroissiens soient sauvés. En dispensant la parole de Dieu et les sacrements, il rend accessibles les moyens que Dieu a donnés pour le salut de tous. Les fidèles sont appelés à grandir en charité, tant vis-à-vis de Dieu que des hommes, non seulement par leurs mérites, mais en s'ouvrant avant tout à la grâce de Dieu. Le ministère du curé vise à cette croissance.

Une charge profitable pour les fidèles

Saint Augustin déclare qu'il veut bien rester à son poste tant que sa charge de pasteur est profitable aux fidèles. En cas contraire, il renoncera à sa fonction :

> Quant à ce que je suis pour vous, je ne dois l'être qu'autant que cela vous est utile ; si cela vous nuit, je dois cesser de l'être. [...] Si, en voulant conserver mon épiscopat, je disperse le troupeau de Jésus Christ, comment le pasteur peut-il trouver sa gloire dans la perte de son troupeau[2] ?

Si la division s'installe dans les cœurs ou dans la communauté, ou si les fidèles s'éloignent, c'est que le pasteur ne remplit pas son office, car la croissance des âmes se manifeste par la charité qui se déploie. Il ne s'agit pas ici de tensions inhérentes à toute vie fraternelle, à cause de la blessure du péché dans le cœur de chacun, mais

2. Saint Augustin, *De gestis cum Emerito - Conférence avec Émérite*, 7.

d'une division profonde et durable. Bien sûr, le démon est à l'œuvre, mais il est aussi de la responsabilité du pasteur de protéger son troupeau face au diviseur. L'Église prévoit pour ces situations où la division l'a emporté une possible révocation du curé :

> Quand pour une raison quelconque et même sans faute grave de l'intéressé, le ministère d'un curé devient nuisible ou au moins inefficace, ce curé peut être révoqué de sa paroisse par l'évêque diocésain[3].

En énonçant ensuite cinq motifs principaux et en signifiant qu'il peut y en avoir d'autres[4], l'Église montre combien le souci du salut de toutes les âmes est premier. Ces procédures de révocation existent en effet pour la protection des baptisés et des communautés. Elles protègent aussi les pasteurs des dégâts qu'ils peuvent causer si rien ne change.

Mourir pour ses fidèles

Les âmes des fidèles méritent d'être servies sans retour par leur pasteur en vue de leur salut. Saint Augustin, encore, insiste sur le soin que le pasteur doit avoir des brebis qui lui sont confiées, en étant prêt à mourir pour elles :

> À qui [le Seigneur] confie-t-il ses brebis ? À qui est disposé ou peu disposé à en prendre soin ? Et d'abord quelles sont ces brebis qu'il confie ? Des brebis bien chères, puisqu'il les a achetées, non avec de l'argent ni de l'or, mais avec son propre sang. […] Jésus Christ

3. *CIC* 1740.
4. Cf. *CIC* 1741.

> notre Seigneur n'a-t-il pas acheté au prix de son sang les ouailles qu'il recommande à son serviteur aussi ? Voilà pourquoi il veut de lui pour garantie le martyre et le sang. C'est comme s'il lui disait : Pais mes brebis, je t'en confie le soin. Quelles sont ces brebis ? Celles que j'ai payées de mon sang. Pour elles je suis mort. M'aimes-tu ? Meurs aussi pour elles. [...]
> Ce qui a été recommandé et commandé à Pierre ne l'a pas été à Pierre seulement, mais encore aux autres Apôtres. [...] Nous vous paissons, on nous paît aussi avec vous. Ah ! que Dieu nous accorde la force de vous aimer jusqu'à pouvoir mourir pour vous en réalité ou en désir[5].

Accepter la charge des âmes, c'est accepter de leur donner la première place et de mourir pour elles. Il est possible de se demander avec saint Thomas d'Aquin si le curé a la même charge d'âmes que l'évêque.

> Les curés et archidiacres, n'ayant pas charge d'âmes à titre principal, mais une simple administration confiée par l'évêque, n'exercent pas en premier l'office pastoral et ne sont pas obligés de donner leur vie pour le troupeau, si ce n'est dans la mesure où ils ont part à la charge d'âmes[6].

Il est logique que saint Thomas n'intègre pas la notion de pasteur propre, qui lui est largement postérieure, et la charge de gouvernement qui lui est associée. Il relève les différences importantes entre l'évêque et les curés. Malgré tout, il discerne déjà pour le curé la nécessité de donner sa

5. Saint Augustin, Sermon 296, 4-5.

6. Saint Thomas d'Aquin, *Somme théologique*, $II^a II^{ae}$ q. 184 a. 6 sol. 3.

vie pour le troupeau dans la mesure de sa participation à la charge d'âmes que l'évêque a à titre principal. Le fait de recevoir la charge des âmes d'une paroisse en en devenant le pasteur propre oblige davantage le curé que ne pouvait le percevoir saint Thomas. En acceptant de mourir là où il est envoyé, et de mourir pour les brebis qui lui sont confiées, le curé manifeste la valeur que leurs âmes ont pour lui. La nomination d'un curé pour une durée déterminée fragilise cette conception de la charge pastorale et peut priver les fidèles d'une vie donnée jusqu'à la mort.

Deux dangers pour les fidèles

L'abbé Michonneau souligne à juste titre que le curé n'est pas toujours le mieux placé pour voir quel est le bien des âmes des fidèles de la paroisse. Il relève deux dangers : le curé qui s'accroche à son poste et le milieu confiné qui peut l'entourer. Pour le premier danger, il retient le cas du curé qui l'a baptisé :

> Au fur et à mesure qu'on avance en âge, on ne se rend pas toujours compte que les forces diminuent, surtout la vigueur de pensée, la force d'entreprendre. Alors tel bon vieux prêtre croit de son devoir de s'incruster à son poste. « Vois-tu, mon petit, me disait à ma première visite de séminariste le curé octogénaire qui m'avait baptisé, moi, je resterai à mon poste jusqu'à ma mort. Il y a si peu de prêtres qu'il faut tenir jusqu'au bout. » Touchante ténacité certes, mais dont la grandeur et l'énergie n'assuraient pas pour autant l'efficacité. La prospérité de la paroisse n'avait rien à gagner à cette pérennité et notre bon curé était bien le seul à ne pas s'en apercevoir[7].

7. Georges Michonneau, *Le curé, op. cit.*, p. 17.

Dans l'obéissance promise à son évêque le jour de son ordination, comme moyen pour vivre la communion avec lui, le curé doit savoir s'en remettre au jugement épiscopal. Le danger de s'accrocher vise les âmes des fidèles, car elles sont pénalisées quand le curé imagine que son maintien en place est nécessairement bon pour elles, alors que ses forces ou sa capacité de jugement déclinent. Le droit invite aujourd'hui un curé à ne pas décider par lui-même de rester, mais à s'en remettre au discernement de son évêque :

> À 75 ans accomplis, le curé est prié de présenter à l'évêque diocésain la renonciation à son office ; après examen de toutes les circonstances de personne et de lieu, l'évêque diocésain décidera de l'accepter ou de la différer[8].

Il s'agit ici pour le curé d'un « devoir moral, même s'il n'est pas canonique[9] », qui le protège de ce danger souligné par l'abbé Michonneau. Le fait que l'évêque puisse différer cette renonciation montre encore que ce dernier doit rechercher ce qui est bon pour les âmes des fidèles. Même à 75 ans, le départ d'un curé n'est pas automatique. Son évêque n'est pas tenu de le nommer administrateur – comme cela se fait dans certains diocèses – s'il veut le laisser à sa place encore quelque temps, tant que ses forces le lui permettent. Il peut le laisser curé sans accepter sa renonciation, tout comme le pape peut maintenir un évêque en place sans accepter d'honorer la renonciation présentée à 75 ans :

8. *CIC* 538 § 2.

9. Congrégation pour le clergé, *La conversion pastorale de la communauté paroissiale au service de la mission évangélisatrice de l'Église*, n° 72.

> Dans tous les cas, avant d'accepter la renonciation, afin d'éviter une conception fonctionnelle du ministère, l'évêque diocésain pèsera prudemment toutes les circonstances de la personne et du lieu, comme par exemple l'existence de raisons de santé ou de discipline, le manque de prêtres, le bien de la communauté paroissiale et d'autres éléments de ce genre. Il acceptera la renonciation s'il trouve une cause juste et proportionnée[10].
> Autrement, si les conditions personnelles du prêtre le permettent et si l'opportunité pastorale le conseille, l'évêque considérera la possibilité de lui laisser l'office de curé, éventuellement en mettant auprès de lui quelqu'un pour l'aider et en préparant la succession[11].

L'évêque juge s'il doit accepter ou non la renonciation du curé qui ne peut décider par lui-même de s'accrocher.

Le deuxième danger que relève l'abbé Michonneau est le risque d'un enfermement du curé à l'intérieur d'un petit milieu confiné. C'est une tentation régulière, quel que soit le style de la paroisse :

> S'il ne réagit pas, il trouvera dans sa paroisse un milieu capable de l'enfermer et de le laisser vivre à l'aise, selon l'éducation qu'il a reçue.
> L'abbé Godin a fortement décrit dans son livre *France, pays de mission?* le comportement de ce milieu, la petite minorité qu'il représente et son inefficacité totale sur la marche de la cité.

10. *Ibid.*, n° 73.
11. *Ibid.*, n° 74.

> Le curé peut vivre à son aise, évoluer pendant toute sa vie au centre de ce milieu. S'il est curé de grande ville, il aura assez de visiteurs à recevoir, assez de visites à rendre, assez d'occupations sacrées, pour ne pas éprouver le besoin d'en sortir. Ses fidèles le comprennent et il les comprend : il risque de juger le monde entier selon le gabarit et les catégories de ce petit nombre qui vit en vase clos. S'il parle du monde bourgeois, c'est parmi les petits-bourgeois de son milieu paroissial. S'il juge les ouvriers, c'est à travers les ouvriers qui fréquentent ce milieu. Le milieu paroissial représente donc un grand danger pour le prêtre. Beaucoup de curés n'y échappent pas, et le plus grave c'est qu'il leur est difficile de s'en rendre compte. À vivre dans un milieu confiné, on finit surtout par ne plus apercevoir les odeurs qu'il dégage ; on finit surtout par ne plus se rendre compte du décalage entre ce « petit monde » où l'on vit, et le monde tout court[12].

L'abbé Michonneau a des accents et des expressions qui préfigurent le pape François et sa dénonciation des milieux chrétiens confinés. Il y a là un grand danger pour les âmes, installées dans un entre-soi mortifère qui ne favorise ni la croissance des personnes ni la croissance missionnaire. Le curé doit se souvenir qu'il n'est pas envoyé dans une paroisse pour être bien, mais pour servir les âmes. L'abbé Michonneau met en lumière que le curé, dans une grande ville, risque de se contenter d'accueillir les personnes qui viennent à lui sans aller vers celles qui ne demandent rien. Avec les grandes paroisses que nous pouvons connaître aujourd'hui et la rareté des petites

12. Georges Michonneau, *Le curé*, *op. cit.*, p. 147-148.

paroisses, aussi bien en ville que dans le monde rural, ce danger peut guetter tout curé. Il est bon qu'il soit vigilant et qu'il sache écouter des personnes extérieures qui pourraient l'alerter quand il est tombé dans ce piège. Le curé stable peut demeurer dans un milieu confiné. Mais, passant de paroisse en paroisse, le curé déplacé peut tout autant évoluer de milieu confiné en milieu confiné dès lors qu'il ne veut pas regarder le large champ qui s'ouvre devant lui. Le service des âmes des fidèles ne signifie pas pour le curé d'être bien dans ce milieu, mais de travailler sans réserve à leur salut.

Pour limiter le risque d'un milieu confiné, le curé peut veiller à renouveler régulièrement les personnes qui collaborent au plus près avec lui. Les prêtres qui exercent dans la paroisse comme vicaires paroissiaux ou avec d'autres missions n'ont pas vocation à être stables. Leur succession offre un regard nouveau. Les laïcs présents au sein d'une EAP ont un mandat limité (en général trois ans renouvelables une fois). Quand ils sont discernés dans la prière, ces renouvellements peuvent aider à éviter le piège du milieu confiné.

Le souci des âmes des fidèles de la paroisse peut conduire aussi bien à la stabilité de son curé qu'à sa renonciation, son transfert ou sa révocation. Rarement utilisée, la procédure de révocation du curé existe pour le bien des âmes. Quand il y a des raisons graves et non simplement de convenances, il ne peut s'agir d'un transfert, car il ne faudrait pas qu'un curé fasse les mêmes dégâts dans une autre communauté.

Les âmes des habitants de la paroisse

Après avoir longuement parlé des âmes des membres de la communauté paroissiale, il ne faut pas oublier que ce ne sont pas les seules vers qui le curé est envoyé. Il doit porter le souci des âmes de tous les habitants de la paroisse. C'est le vaste champ à évangéliser. Dès lors qu'il a en lui une fibre missionnaire – et quel prêtre, quel chrétien, ne devrait pas l'avoir ? –, il se retrouve dans les propos de l'abbé Michonneau :

> « Mes paroissiens », ce sont tous ceux qui habitent cette portion de territoire qui m'est confiée, tous, sans exception, tous, sans qu'aucune raison, sans qu'aucun prétexte de nationalité, de dégénérescence ou d'opposition religieuse puisse me décharger de la responsabilité de leur âme. Par conséquent, ce sont tous ceux qui ne viennent pas à moi, tous ceux que je ne connaîtrai peut-être jamais si je ne vais pas à eux ; tous ceux que je rencontre, jusqu'aux Algériens, jusqu'aux Chinois, ce sont mes paroissiens, et je dois me dire : « Moi, leur curé, je porte la charge de leur âme. »[13]

Cette acception plus large du bien des âmes, qui a des conséquences pour la nomination du curé, devrait être transmise dès la formation au séminaire. Il est plus facile en effet de donner une bonne structure dès le départ que de changer de mauvaises habitudes, même si une conversion est toujours possible. Mgr Yves Le Saux, évêque du Mans, souligne l'importance de cette formation dans le cadre du séminaire :

> Au cœur du cheminement vers le sacerdoce, il doit y avoir une véritable compassion à l'égard des hommes, en particulier ceux qui ne connaissent pas

13. Georges Michonneau, *Paroisse, communauté missionnaire*, *op. cit.*, p. 43.

> Dieu. Le véritable pasteur est celui qui est animé par le souci du salut des personnes[14].

Peut-être ne serait-il pas inutile que les fidèles intègrent – ainsi que les futurs prêtres dans les séminaires – que le territoire d'une paroisse ne définit pas avant tout vers quelle église les habitants doivent aller, mais vers qui le curé et les fidèles doivent aller. C'est leur territoire de mission, nous ne le dirons jamais assez. Le souci du salut de tous doit en effet pousser le curé et les fidèles à aller vers tous les habitants du territoire. Selon le pape François, « à travers toutes ses activités, la paroisse encourage et forme ses membres pour qu'ils soient des agents de l'évangélisation[15] ».

Le souci des âmes de tous les habitants du territoire de sa paroisse rend théoriquement impossible le fait qu'un curé tourne en rond après six, neuf ou même douze ans. Le messager de la Bonne Nouvelle continue sa course. S'il a bien une âme d'apôtre, il doit chercher inlassablement le bon moyen pour rejoindre chacun, car « [Dieu] veut que tous les hommes soient sauvés » (1Tm 2,4).

L'âme du curé

Le curé est appelé, comme tout fidèle, à grandir en sainteté et à déployer les charismes qu'il a reçus pour le bien de l'Église.

Au cours du Congrès Mission de 2018 à Paris, lors d'une rencontre destinée aux prêtres, un curé demandait à tous : « Quelle est la différence entre un chêne et un

14. Yves Le Saux, « Former les prêtres à la mission et à la charité pastorale ». In Collectif, *Paroisses et nouvelle évangélisation*, *op. cit.*, p. 204.

15. Pape François, *Evangelii Gaudium*, n° 28.

bonsaï ? » Face à une assemblée silencieuse, il ajoutait : « Le bonsaï a sans cesse été déraciné et mis dans un autre pot pour qu'il ne grandisse pas. C'est exactement ce que l'on fait aujourd'hui avec les curés. » Les applaudissements nourris ont révélé une préoccupation commune qui trouve peu de lieux pour se dire. Le curé est appelé à grandir humainement et spirituellement. Un déracinement régulier a peu de chance de favoriser cette croissance.

Certains psychologues retiennent trois sources de stress : le deuil, le divorce et le déménagement. Le curé qui se donne sans réserve à sa paroisse peut être d'une certaine manière touché par ces trois causes. Il doit faire le deuil de nombreuses relations paternelles. Le don sponsal vécu avec sa communauté se trouve blessé. Et il fait ses cartons pour commencer une nouvelle vie en un autre lieu. La tentation existe de ne pas se donner sans retour, de manière à ne pas vivre ces arrachements, en étant toujours de passage. Certains curés choisissent de ne pas s'investir totalement dans les relations pour ne pas vivre la douleur de la séparation. D'autres se détachent progressivement pour préparer leur succession quand approche la fin de leur nomination.

Nous pouvons observer trois autres tentations consécutives à la mobilité régulière des curés et à leur nomination pour une durée déterminée : le carriérisme, la reproduction d'un schéma et l'absence de motivation.

Le carriérisme s'exprime dans la tentation d'avoir une paroisse plus grande ou de tel style. Il est une fuite de la nomination actuelle, dans l'espérance d'en obtenir une meilleure. Le curé carriériste en vient à perdre son âme, car il n'est plus donné à une paroisse particulière, mais il est replié sur des intentions personnelles, vivant dans l'attente de la nomination suivante qui, dans un système à durée déterminée, arrivera inévitablement. Il n'est pas un pasteur soucieux du bien de ses paroissiens et il en oublie même son véritable bien qui est sa sainteté et qui se construit dans l'humble ministère qui lui est confié. Plutôt que de rêver d'avoir un jour en un autre lieu où l'herbe est plus verte une paroisse plus grande, il devrait rêver de voir sa paroisse grandir et se soucier d'agir en ce sens par sa prière et la pastorale qu'il déploie.

La deuxième tentation pour un curé qui est nommé successivement à la tête de nouvelles paroisses est de reproduire ce qu'il a fait dans les paroisses précédentes. Certes, en fonction de ses charismes, il a pu donner tel ou tel axe particulier. Mais il risque de devenir prisonnier de ce qui semble avoir marché dans la première paroisse. Nous voyons ainsi des curés reproduire le même schéma de paroisse en paroisse alors que chacune est unique. Les réalités humaines, sociales ou géographiques sont différentes. Une même recette ne fonctionne pas partout. Un veuf qui épouse une veuve ayant des enfants ne peut plaquer sur eux le modèle éducatif qu'il a utilisé pour ses propres enfants, car chaque famille est unique. Il en est de même des paroisses.

La troisième tentation est d'arrêter de s'investir après plusieurs nominations. Quand un curé s'investit fortement dans un projet qui lui tient à cœur, il voit souvent ce projet dépérir deux ou trois ans après son départ, car son successeur a d'autres priorités. Il vient alors de lancer un nouveau projet dans sa deuxième paroisse. Certes, il ne s'agit pas de regarder en arrière et de risquer de devenir une statue de sel, mais il est inévitable qu'un curé s'interroge sur la pérennité de ce qu'il met en place, surtout quand cela lui demande un lourd investissement personnel. Sans s'opposer à son prédécesseur, le successeur a d'autres axes prioritaires et il est normal qu'il puisse gouverner sa paroisse sans contraintes. Arrivé dans une troisième paroisse, le curé hésite quelquefois à investir autant d'énergie et se contente alors de gérer les affaires courantes.

Toutes les tentations évoquées ont en commun de bloquer la croissance personnelle du curé. Comme dans d'autres domaines, il est bon d'avoir à l'esprit tous ces risques afin de bien éclairer les décisions de transfert éventuel du curé. D'autres difficultés sont aussi à prendre en compte, comme le curé qui souffre dans sa paroisse ou celui qui décline. Le bien de l'âme du curé peut nécessiter que son office lui soit retiré rapidement.

Savoir pour un curé que la paroisse où il se trouve est *a priori* celle où il mourra – sauf si sa vie se prolonge et qu'il renonce pour se retirer – l'amène à se donner totalement. De plus, quand son évêque vient le chercher parce qu'il a besoin de lui pour une mission particulière, il sait que ce n'est pas parce qu'il est arrivé à six, neuf ou douze ans de nomination, mais en raison de ses charismes dont l'Église a besoin pour une mission ou un office. L'habitude de la mobilité est tellement ancrée aujourd'hui qu'il paraît surprenant qu'un curé soit toujours dans la même paroisse au-delà de douze ans[16]. Il est intéressant de constater que sa présence après une douzaine d'années semble plus étrange que l'absence de catéchumènes dans une paroisse. Ils sont pourtant le signe visible de la fécondité que le Seigneur accorde à une communauté et son pasteur. Alors que certains voudraient que les curés bougent à tout prix en changeant de paroisse, on peut se demander si ce n'est pas en eux-mêmes avant tout qu'ils doivent bouger, en

16. Il en est de même pour les évêques quant à leur diocèse. En France, rares sont les évêques qui meurent – ou qui renoncent à leurs 75 ans – en étant encore dans le diocèse où ils ont été ordonnés évêques. La question de la stabilité du *pasteur propre* mériterait d'être approfondie aussi au niveau épiscopal.

vivant la conversion pastorale et missionnaire désirée par le pape François. Tout curé doit grandir et se convertir.

La stabilité du curé est aussi une réponse à la solitude du prêtre. Il est ainsi ancré dans une communauté dont il est membre et qui est véritablement sa famille.

Dans une perspective relationnelle

Nous ne sommes pas des individus vivant les uns à côté des autres, mais nous sommes des êtres de relation, des personnes. Les relations mutuelles jouent aussi quant aux motivations subjectives de la stabilité du curé.

Le curé et les fidèles

Un temps est nécessaire pour que le curé connaisse ses paroissiens et pour qu'ils le connaissent. Il se doit de découvrir qui sont les fidèles de la paroisse, d'apprendre leurs noms, de savoir les reconnaître dans la rue, de comprendre ce qu'ils font dans la paroisse ou dans leur vie professionnelle, d'apprendre même le nom de leur chien... Au-delà de tous ces éléments importants pour établir de belles relations humaines, il lui faut aussi discerner les charismes qu'ils ont reçus pour les aider à les déployer et leur confier la mission qui permet ce déploiement. Le synode diocésain de Digne en 1994 demandait ainsi « que la relation du prêtre à un peuple puisse se vivre dans la durée, dans des conditions qui favorisent les relations humaines, la connaissance mutuelle[17] ». La dimension

17. Le synode de Digne s'est déroulé de 1993 à 1994. In Dominique Barnérias, *La paroisse en mouvement*, *op. cit.*, p. 411. L'auteur a étudié ce qui était dit de la paroisse dans quarante-trois synodes diocésains français qui ont eu lieu entre 1983 et 2004.

des paroisses – tant en nombre d'habitants dans les villes qu'en surface territoriale dans le monde rural, avec parfois de très nombreux clochers – rend souvent la tâche du pasteur démesurée. L'impossibilité de connaître aussi bien chacun parmi les centaines de fidèles de sa paroisse ne doit pas l'empêcher de chercher à en connaître le plus grand nombre.

Le curé, demeurant dans sa paroisse pendant une longue période, se retrouve à conduire vers la confirmation et la première communion des enfants qu'il a baptisés, ou à préparer au mariage ou à accompagner vers le séminaire des jeunes à qui il a fait le catéchisme, voire qu'il a baptisés. Sans s'approprier les personnes, il est un père qui accompagne ses enfants sur un chemin de liberté. Il est aussi amené à célébrer les funérailles de paroissiens qu'il a connus actifs. Ce n'est pas le cas quand il est là pour une courte durée, car il n'est pas rare que les fidèles ne puissent pas fréquenter l'église de manière aussi active dans les dernières années de leur vie. Le curé arrivé après l'arrêt de leurs engagements paroissiaux n'a parfois pas eu l'occasion de bien faire connaissance avec eux.

Olivier Boulnois, rédacteur en chef de *Communio*, relève que « le prêtre, les fidèles le veulent proche et stable, connu ; ils rejettent massivement la pratique d'un célébrant interchangeable[18] ». Même s'il est difficile pour un curé de retenir les noms de tous ses paroissiens, une « relation de connaissance et de proximité [...] doit exister entre un pasteur et la communauté[19] ».

18. Olivier Boulnois, « La paroisse, ruine ou chantier ? », *Communio* 1998/4, p. 10.

19. Congrégation pour le clergé, *La conversion pastorale de la communauté paroissiale au service de la mission évangélisatrice de l'Église*, n° 66.

La connaissance et l'appréciation mutuelles ont un impact sur la vitalité de la paroisse. Le canoniste Alphonse Borras relève :

> Les paroisses n'atteignent leur pleine vitalité pastorale que dans la conjonction de la communauté et du curé qui ensemble en un lieu édifient l'Église du Christ et attestent la Bonne Nouvelle de l'amour de Dieu pour tous, sans exception et sans exclusive[20].

Les fidèles s'engagent d'autant plus facilement que la vision pastorale est claire. Cette vision pastorale est établie par le curé avec l'aide de son Équipe d'animation pastorale. Lorsque le curé a bien expliqué à ses paroissiens par quels chemins il souhaite les conduire, ils l'accompagnent et s'engagent aisément. La connaissance qu'il a de ses paroissiens lui permet d'accueillir leurs initiatives et de leur confier une responsabilité qui tient compte de leurs compétences et de leurs charismes. Une personne qui est à la place qui lui correspond s'épanouit davantage et le dynamisme paroissial s'en ressent.

Il est normal que chaque curé ait une vision pastorale en partie différente. Ces différences sont liées à leur histoire, leurs charismes et leur sensibilité. Avec une même communauté, la pastorale déployée par deux curés connaît inévitablement des différences, même s'il ne s'agit parfois que de nuances. Un changement de curé bouscule toujours une communauté paroissiale qui doit s'adapter en même temps que le nouveau curé essaye de s'adapter à elle. Ce temps d'adaptation mutuelle casse un élan au

20. Alphonse Borras, *Les communautés paroissiales, Droit canonique et perspectives pastorales*, Cerf, Paris, 1996, p. 69.

niveau de la paroisse, d'autant plus quand il est répété régulièrement et de manière rapprochée.

Le curé et les habitants

La visibilité du curé

En France, beaucoup de paroisses ont plusieurs dizaines de milliers d'habitants sur leur territoire. Qu'il soit à la campagne avec de nombreux kilomètres à parcourir ou en ville avec une grande densité, il est évidemment impossible pour le curé de tous les connaître. En étant présent dans sa paroisse, visible dans la rue ou dans les commerces, il peut au moins être accessible à un plus grand nombre. C'est d'ailleurs l'un des buts de l'habit ecclésiastique :

> Dans une société sécularisée et qui tend au matérialisme, où les signes des réalités sacrées et surnaturelles s'estompent souvent, on ressent, particulièrement aujourd'hui, la nécessité pour le prêtre homme de Dieu, dispensateur de ses mystères, d'être reconnaissable par la communauté, également grâce à l'habit qu'il porte. [...] « Même dans l'habit, le prêtre doit trouver la force prophétique de son appartenance sacramentelle. »[21]

Au-delà de la communauté paroissiale qui le connaît, son habit le rend reconnaissable par un grand nombre. Il n'est pas rare que certains s'adressent à lui dans la rue pour lui présenter un besoin, car ils l'ont identifié comme prêtre. Il faut parfois du temps pour que certains osent faire

21. Congrégation pour le clergé, *Directoire pour le ministère et la vie des prêtres*, n° 61. Le directoire de 2013 cite un discours du pape Benoît XVI.

un pas. Je pourrais citer l'exemple de cette commerçante du marché qui m'a demandé de bénir son appartement, ou de tous ces commerçants qui, m'ayant identifié comme prêtre, m'ont demandé de bénir leur commerce. D'autres curés pourraient multiplier les exemples.

Le regard du curé vers ceux qui sont loin

Le curé doit sans cesse regarder vers ceux qui ne sont pas dans l'église, ou dans l'Église ! Il a tant à faire avec ceux qui viennent qu'il peut oublier qu'il est envoyé à tous, qu'il est prêtre pour tous, le curé de tous. Don Pigi Perini, à qui nous devons le déploiement du système des Cellules paroissiales d'évangélisation, témoigne d'une conversion personnelle, car la conversion pastorale et missionnaire de la paroisse suppose cette même conversion pour le curé. Ordonné prêtre en 1954, il est nommé curé de la paroisse Sant-Eustorgio à Milan en 1977, et il le restera jusqu'en 2012. Il y demeurera jusqu'à sa mort en 2020.

> Une paroisse a besoin d'un curé converti qui puisse dire : « Moi aussi, j'ai le même objectif que l'Église : je suis prêtre pour annoncer Jésus. » Cela peut sembler paradoxal qu'un prêtre vive, alors qu'il est déjà prêtre, une expérience de conversion. Mais cela s'est passé ainsi : cette découverte faite en ce lointain mois de novembre 1986 a constitué le commencement de la vraie conversion qui a été donnée à ma vie sacerdotale.
>
> J'ai compris que mon sacerdoce devait s'engager dans l'évangélisation, que ma vision de la paroisse devait changer : il était extrêmement important de regarder vers ceux qui n'étaient pas dans l'église, qui ne fréquentaient pas la paroisse. C'était une perspective complètement nouvelle. J'étais habitué auparavant

> à compter le nombre des présents et à me féliciter lorsque ce nombre augmentait. Par contre, face à la multitude des personnes absentes, je sentais monter en moi une anxiété et le profond désir de m'adresser à eux : c'était l'engagement à l'évangélisation qui commençait à porter ses fruits. Le cœur du pasteur était en train de s'ouvrir à l'invitation de Jésus de s'occuper de tout son troupeau.
> Le changement de mentalité du pasteur comporte aussi un changement de direction pastorale. Si précédemment son attention se portait sur ceux qui fréquentaient déjà la paroisse, une fois entré dans la logique de la nouvelle évangélisation, le pasteur est porté à s'intéresser de différentes manières à ceux qui sont loin : ceux-ci représentent le *potentiel de croissance* de la communauté[22].

Si un curé doit changer, c'est avant tout intérieurement, en vivant cette conversion qui a pu être celle de don Pigi Perini. Il est sans cesse appelé à aller vers d'autres personnes qui se trouvent déjà sur le territoire de sa paroisse. À force de devoir constamment découvrir de nouvelles personnes impliquées dans l'Église, en passant de paroisse en paroisse tous les six ans, un curé peut négliger d'aller vers tous les habitants et de prendre soin de les connaître. Si je retiens l'exemple de ma paroisse, il y a trois clochers, 300 personnes engagées dans différents services, 1 300 pratiquants, mais surtout 40 000 habitants. Je pense souvent à ces 38 700 personnes qui ne sont pas dans l'église quand je célèbre la messe *Pro Populo*, quand je me déplace dans ma paroisse ou même

22. Piergiorgio Perini, « Cellules paroissiales d'évangélisation ». In Collectif, *Paroisses et nouvelle évangélisation*, *op. cit.*, p. 241-242.

la nuit quand je me réveille avec une idée pour annoncer la Bonne Nouvelle à quelques-uns.

Regardant vers ceux qui sont loin, un curé habitue ses paroissiens à regarder avec lui dans cette direction.

Les fidèles et les habitants

En gardant la logique de la distinction des âmes des fidèles, des habitants et du curé, il existe un troisième type de relations : les fidèles avec les habitants. Là encore, une relation de proximité doit se développer, tant à l'intérieur de la communauté paroissiale qu'avec les habitants du quartier :

> La communauté paroissiale est appelée à développer un authentique « art de la proximité ». Si celui-ci est bien enraciné, la paroisse devient réellement le lieu où est surmontée la solitude qui blesse la vie de tant de personnes, le « sanctuaire où les assoiffés viennent boire pour continuer à marcher, le centre d'un constant envoi missionnaire »[23].

Cette proximité est essentielle dans une vie paroissiale. Elle est liée à la fraternité vécue au sein de la paroisse. Elle se traduit par une capacité d'accueil de toute personne extérieure à la communauté. Le monde évangélique est très attentif à ce que toute personne se sente bien accueillie. C'est le premier point auquel ont été sensibles les journalistes Pierre Jova et Henrik Lindell dans le monde évangélique. Ils consacrent à l'accueil le

23. Congrégation pour le clergé, *La conversion pastorale de la communauté paroissiale au service de la mission évangélisatrice de l'Église*, n° 26. L'instruction cite : Pape François, *Evangelii Gaudium*, n° 28.

premier chapitre de leur livre *Comment devenir plus catholiques… en s'inspirant des évangéliques*[24].

À la suite de saint Philippe qui conduit les Grecs à Jésus quand ils déclarent vouloir voir Jésus (cf. Jn 12,20-22), il est beaucoup plus facile pour les paroissiens d'accompagner leurs voisins ou des gens qu'ils connaissent peu vers leur curé quand ils le connaissent déjà. La relation de confiance établie entre le curé et les fidèles rejaillit sur la capacité que ces derniers vont avoir à devenir le trait d'union entre leur pasteur et leurs relations non ecclésiales, collaborant ainsi dans une perspective missionnaire. Dans les grandes paroisses que nous connaissons aujourd'hui, le curé ne peut pas connaître chaque fidèle – même s'il s'y efforce – et encore moins chaque habitant. La nécessaire proximité que l'Église veut vivre avec chacun se déploie à travers tous les fidèles. Saint Jean-Paul II souligne que les laïcs doivent devenir artisans de la pastorale :

> Un autre point important, que l'on doit toujours garder présent à l'esprit, est la nécessité de la collaboration la plus étroite, organique, personnelle, de toutes les composantes de la paroisse avec leur pasteur. […] Les laïcs en effet ne sont pas seulement les destinataires du ministère pastoral, mais doivent en devenir des artisans actifs, par vocation innée des laïcs eux-mêmes et par une exigence intrinsèque de l'Église[25].

24. Pierre Jova et Henrik Lindell, *Comment devenir plus catholiques… en s'inspirant des évangéliques*, Éditions de l'Emmanuel, Paris, 2020. Le chapitre 1, « Le sens communautaire », est entièrement consacré à l'accueil.

25. Saint Jean-Paul II, « Réaffirmer l'importance de la paroisse », Allocution à l'assemblée plénière de la Congrégation pour le Clergé, le 20 octobre 1984, n° 5.

Devenir artisans de la pastorale ne signifie pas uniquement s'impliquer à l'intérieur de la paroisse dans tel ou tel service qui contribue à la rendre active. Les fidèles laïcs peuvent aussi devenir artisans de la pastorale en invitant les habitants de leurs quartiers à rejoindre les Cellules paroissiales d'évangélisation, pour reprendre cet exemple, quand elles existent dans une paroisse. Ils amènent alors des personnes qui sont plus loin à se laisser enseigner avec eux par le curé de la paroisse. Par l'écoute, un premier contact est établi qui n'aurait pas pu exister sans eux. C'est une véritable collaboration dans la mission que les fidèles et le curé sont appelés à vivre. L'existence de relations entre les fidèles et les habitants est vitale pour la paroisse. Elles n'ont pas nécessairement besoin de la stabilité du curé. Cependant, la continuité de la vision pastorale et la connaissance mutuelle facilitent le cheminement de ceux qui découvrent et accueillent l'Évangile grâce au témoignage des fidèles.

La stabilité du curé lui permet ainsi d'avancer dans le sens de la croissance de sa communauté et de ses membres. Nous voudrions conclure en notant que la même question de stabilité du pasteur se pose chez des frères chrétiens d'autres confessions. Le pasteur évangélique Rick Warren a commencé à développer en 1980 une communauté évangélique dans son salon à Saddleback, avec l'agent immobilier qu'il a rencontré pour trouver un logement au moment de s'installer. En 2010, sa communauté rassemble plus de 20 000 personnes au culte dominical[26]. Il témoigne :

26. In Rick Warren, *Une église motivée par l'essentiel*, Motivé par l'Essentiel, 2010. Titre original : *The Purpose Driven Church*, 1995. Préface de W. A. Criswell, p. 9.

En 1979, au cours de ma dernière année de formation à Fort Worth, Texas, j'ai décidé de faire une étude indépendante sur les cent plus grandes Églises des États-Unis de l'époque. J'ai tout d'abord identifié ces Églises, ce qui n'était pas une petite tâche. Je travaillais comme assistant du Dr Roy Fish, professeur d'évangélisme au *Southwestern Seminary*. Roy, mon mentor et ami, m'a aidé dans ce domaine. Je me suis aussi servi des publications annuelles des dénominations et des magazines chrétiens.

Ensuite, j'ai envoyé une liste de questions à chacune de ces Églises. Mon étude a révélé certains dénominateurs communs entre ces Églises, même si leurs stratégies, structures et styles différaient fortement. Elle a aussi confirmé ce que j'avais appris de Criswell : les Églises en bonne santé sont dirigées par des pasteurs en place depuis longtemps. J'ai trouvé des douzaines d'exemples. Un pastorat long ne garantit pas la croissance d'une Église, mais le fait de changer de pasteurs tous les deux à trois ans garantit que l'Église ne grandira pas.

Pouvez-vous imaginer l'état des enfants dans une famille où le papa changerait tous les deux à trois ans ? Ils développeraient certainement de graves problèmes émotionnels. De même, la longévité de la personne dirigeante est un élément clé pour la santé et la croissance d'une Église. Les pasteurs qui restent longtemps en place permettent à des relations intimes[27] de se créer dans la confiance et l'amour

27. Dans le contexte des abus que nous avons tristement connus dans l'Église, l'expression « relations intimes » peut prêter à confusion. Rick Warren parle ici de relations de qualités, construites sur une connaissance mutuelle, dans lesquelles les personnes peuvent ouvrir leur cœur à l'autre pour témoigner de l'œuvre de Dieu dans leur vie.

> mutuels. Sans ce genre de relations, un pasteur n'accomplit pas grand-chose de durable.
>
> Les Églises qui changent régulièrement de pasteurs n'expérimentent pas de croissance régulière. Je crois que c'est la raison du déclin de certaines dénominations. Le fait de limiter volontairement la fonction des pasteurs crée des ministères « boiteux ». Peu de personnes veulent suivre un dirigeant qui ne sera plus là dans une année. Le pasteur aimerait lancer de nouveaux projets, mais les membres hésitent, car ils devront vivre avec les conséquences bien après le départ du pasteur.
>
> Conscient de l'importance de la longévité pour faire grandir une Église en bonne santé, j'ai prié : « Père, j'irai partout dans le monde, si tu me laisses passer ma vie entière dans un seul endroit. L'endroit où tu m'enverras importe peu, pourvu que je puisse y passer le restant de ma vie[28]. »

Il n'existe pas pour les paroisses catholiques françaises d'étude similaire à celle que Rick Warren a faite dans le monde évangélique des États-Unis. La réalité est évidemment différente puisque nos paroisses sont essentiellement territoriales quand les églises évangéliques sont bâties sur un modèle affinitaire. Malgré ces différences, le lien qu'il discerne entre la croissance de la communauté et la stabilité du pasteur se confirme dans sa situation personnelle. Son exemple encourage à désirer la croissance de l'Église, à en chercher et à en prendre les moyens qui peuvent bousculer nos habitudes.

---

28. *Ibid.*, p. 29-30.

9
Stabilité *versus* perpétuité

L'Église, tout en souhaitant la stabilité des curés, ne réclame pas la perpétuité de leur charge. Les motifs de transfert des curés proposés par le Code de droit canonique sont des clés de discernement pour les évêques :

> Si le bien des âmes, les nécessités ou l'utilité pour l'Église réclament qu'un curé soit transféré de sa paroisse qu'il dirige avec fruit à une autre paroisse ou à un autre office, l'évêque lui proposera par écrit ce transfert et l'invitera à l'accepter pour l'amour de Dieu et des âmes[1].

Le droit prévoit ensuite, dans les derniers canons, l'éventualité d'un refus par le curé et les procédures à mettre en place pour qu'il puisse être entendu par l'évêque qui pourra décider en fonction du bien des âmes qu'il aura discerné. L'évêque est le pasteur du diocèse, et donc des paroissiens de ce curé. Il n'est cependant pas le monarque absolu. Le droit protège aussi le curé et ses paroissiens face à une éventuelle décision arbitraire puisque « le transfert

1. *CIC* 1748.

contre le gré du titulaire de l'office requiert une cause grave[2] ». Même si l'Église protège le curé d'un éventuel transfert abusif, elle a facilité les procédures de transfert de manière à ce que l'évêque puisse bien gouverner son diocèse en tenant compte du bien de toutes les âmes et des besoins de l'Église.

Le bien des âmes, loi suprême de l'Église

Le bien des âmes est invoqué par le Concile pour justifier tant la stabilité du curé que son transfert. En effet, « le salut des âmes [...] doit toujours être dans l'Église la loi suprême[3] », au-dessus de toutes les règles qu'elle peut se donner.

Les motifs subjectifs de transfert du curé doivent être suffisants pour aller à l'encontre de tous les motifs objectifs en faveur de sa stabilité. Sans aller jusqu'à la révocation du curé qui amène logiquement l'évêque à ne pas lui confier la charge d'une nouvelle paroisse, ils peuvent résulter d'un essoufflement du curé. S'il ne fait plus grandir sa paroisse et ses paroissiens, il a peut-être besoin de se retirer dans la prière, de suivre une nouvelle formation ou de se renouveler à travers une autre mission qui lui permette de mieux déployer ses charismes.

Il se peut que sa paroisse soit devenue trop grande pour ses forces, et l'évêque peut alors lui confier la charge d'une paroisse plus petite. La Congrégation pour le clergé prévoit cette situation après la renonciation présentée

2. *CIC* 190 § 2.

3. *CIC* 1752.

par le curé[4], mais cela peut se produire à n'importe quel moment de sa vie.

L'évêque ne peut rester impassible quand il constate qu'une paroisse s'endort avec son curé. Même si l'Église n'entre pas dans une logique de chiffres, un évêque peut se donner des critères pour discerner la vitalité d'une paroisse : le nombre de catéchumènes en est un, car il est un signe qu'une paroisse est avec son pasteur une communauté missionnaire. L'Église rappelle qu'il s'agit d'une raison d'être des paroisses :

> La paroisse est donc une communauté convoquée par l'Esprit Saint pour annoncer la parole de Dieu et faire renaître de nouveaux enfants à la fontaine baptismale; rassemblée par son pasteur, elle célèbre le mémorial de la passion, de la mort et de la résurrection du Seigneur, et témoigne sa foi dans la charité en vivant dans un état permanent de mission, afin que le message salvifique qui donne la vie ne vienne à manquer à personne[5].

Une paroisse répond avec son curé à sa vocation quand elle accompagne des catéchumènes vers leur baptême. Sans se limiter à cet unique critère, l'évêque évalue ainsi la vitalité dans la capacité d'engendrement que la communauté a avec son pasteur.

---

4. Cf. Congrégation pour le clergé, *La conversion pastorale de la communauté paroissiale au service de la mission évangélisatrice de l'Église*, n° 74.
5. *Ibid.*, n° 29.

La nécessité ou l'utilité de l'Église

L'évêque veille au bien des âmes de tout son diocèse. Il peut discerner qu'un curé, en raison de ses charismes, ferait plus de bien encore en un autre lieu, un bien largement supérieur au préjudice causé par le changement. Il peut le transférer en suivant les procédures prévues par l'Église.

Un évêque peut repérer des besoins particuliers pour son diocèse : une paroisse à pourvoir ou une autre mission. S'il considère, après discernement, qu'il doit appeler tel prêtre pour cette mission en lui retirant sa charge curiale, l'Église lui en donne la possibilité. L'Église peut aussi avoir besoin d'un évêque pour un diocèse et avoir enquêté sur tel curé qu'elle souhaite appeler. Dans un cas comme dans l'autre, le curé sait qu'il est au service de l'Église avant d'être au service de telle communauté qui lui a été confiée dans son diocèse.

La nomination pour une durée déterminée

Le Code de droit canonique de 1983 prévoit que l'évêque « ne peut nommer [le curé] pour un temps fixé que si cela a été admis par un décret de la Conférence des évêques[6] ». La Conférence des évêques de France précise : « Chaque évêque français pourra nommer les curés pour six ans avec possibilité de prorogation[7]. »

Cette disposition n'est pas obligatoire, même si cette exception semble devenue la règle dans la plupart des diocèses français. Il est donc difficile de ne pas en parler.

6. *CIC* 522.

7. BO n° 29, 13-06-1984, p. 444. In Université de Navarre / Université Saint-Paul, *Code de droit canonique, édition bilingue et annotée*, Wilson & Lafleur ltée, Montréal, 1990, p. 1285.

À l'inverse, Mgr David Macaire, archevêque de Saint-Pierre et Fort-de-France en Martinique, a choisi de ne plus nommer les curés pour une durée déterminée.

Il paraît contradictoire de vivre un don total de soi pour une durée déterminée. Il est possible de s'interroger sur la qualité d'un don pour lequel apparaîtrait une échéance dès le commencement. Le canoniste Jean-Claude Périsset relève d'une part l'avantage que « la communauté devient moins propriétaire de son curé et réciproquement[8] », et d'autre part les risques pour le curé d'un « attachement moindre car transitoire [et d'un] défaut d'engagement à l'approche du terme[9] ». La nomination pour une durée déterminée renvoie l'image de pasteurs interchangeables. Cette conception imprègne les esprits marqués par cette façon de faire pendant des décennies.

Alphonse Borras liste les autres avantages qu'il repère quant à une nomination pour six ans :

> Avec un tel délai, le curé peut apprendre à connaître et apprécier sa paroisse, élaborer des projets avec sa communauté et les mettre en œuvre. En cas de ministère particulièrement difficile ou éprouvant, par défaut de réception de la communauté à son égard ou par manque de zèle apostolique et missionnaire, ou encore pour toute autre raison aboutissant à un sentiment d'échec, le curé mis dans une telle situation sait qu'il pourra être transféré ailleurs honorablement. Il y a un autre avantage qui n'est pas des moindres en cas de pénurie de prêtres, où l'on risque de s'attacher à « son » curé ou celui-ci à « sa » paroisse et de manquer d'audace missionnaire et

8. Jean-Claude Périsset, *op. cit.*, p. 74.
9. *Ibid.*

> d'enthousiasme pour des projets nouveaux au-delà de son propre clocher[10].

Avec tout le respect que nous devons à ce bon canoniste, il est étonnant de constater qu'un certain nombre d'avantages retenus ne tiennent pas vraiment compte des motifs objectifs de la stabilité du curé. A-t-il besoin de pouvoir être transféré honorablement ? Il est certain que les nominations à durée déterminée permettent d'éviter d'éventuelles tensions puisqu'une échéance arrivera avec le temps. Ces nominations facilitent pour l'évêque le déplacement d'un curé en cas de difficulté. Au lieu du dialogue et des éventuelles procédures de révocation, il lui suffit d'attendre la fin de sa nomination. La durée déterminée simplifie les cas de refus en supprimant les procédures. Mais quand les responsabilités ne sont pas assumées au niveau épiscopal, certains curés « toxiques » passent parfois de paroisse en paroisse tous les six ans, les détruisant les unes après les autres. Une telle attente passive ne fait pas grandir l'Église.

L'expérience pastorale montre aussi qu'il faut cinq années pour être véritablement le père de sa communauté et qu'il est difficile d'élaborer et d'accompagner la mise en œuvre de grands projets en si peu de temps. Une conversion pastorale et missionnaire prend du temps. Le père James Mallon, curé de la paroisse Saint-Benoît dans l'archidiocèse de Halifax au Canada, auteur du *Manuel de survie pour les paroisses*[11] et de son guide pratique, invite à travailler dans la durée en élaborant un

10. Alphonse Borras, *op. cit.*, p. 120.

11. James Mallon, *Manuel de survie pour les paroisses. D'une paroisse installée dans la routine à une paroisse de mission*, Artège, Perpignan, 2015. Le titre original est plus positif : *Divine Renovation: From a Maintenance to a Missional Parish.*

plan quinquennal[12]. Il est difficile pour un curé de lancer un tel chantier dès son arrivée et la perspective d'un départ avant la fin du plan quinquennal ne l'encourage pas à s'engager dans cette voie pourtant fructueuse dans bien des paroisses. Il porte cette analyse quant à la conversion pastorale des paroisses :

> Il y a également un autre problème crucial pour la gestion des paroisses, qui consiste dans la durée de nomination des curés. Toute personne qui s'intéresse de près aux paroisses saines, vivantes et rayonnantes [...] constatera qu'une gestion à long terme est fondamentale. Tout changement culturel profond met du temps à s'implanter, peu importe l'organisation. Les communautés qui m'inspirent depuis des années ont toutes été dirigées par les mêmes pasteurs pendant au moins douze ans pour accomplir les réformes nécessaires. La plupart ont eu le même pasteur pendant dix-huit à vingt-cinq ans.
>
> Dans beaucoup de diocèses catholiques, en revanche, les prêtres sont mutés tous les six à huit ans. Cette approche rend impossible tout changement en profondeur dans une paroisse. Elle favorise au contraire l'épanouissement de la médiocrité et l'esprit routinier [...]. Quel que soit le prêtre qui entreprend une réforme, on lui résistera, car il est de passage. Il vient seulement d'arriver et sera reparti dans quelques années. [...]

12. Cf. James Mallon, *Manuel de survie pour les paroisses : comment démarrer. Le guide pratique du manuel de survie pour les paroisses*, Artège, Perpignan, 2016, p. 82-125. Traduit de l'anglais : *Divine Renovation Guidebook: A Step-by-Step Manual for Transforming Your Parish*, Éditions Novalis, Canada, 2016.

> Derrière cette pratique assez récente des nominations de courte durée, il y avait généralement l'idée de « répartir les richesses ». [...] En répartissant les dons des pasteurs et en les déplaçant constamment, nous obtenons, au mieux, des églises médiocres. En maintenant des pasteurs capables de mener des réformes dans des paroisses qui ont un fort potentiel de rayonnement, nous permettons au moins à certaines communautés d'être fortes et vigoureuses. Il est vital, pour les diocèses, que de telles paroisses existent, parce que sans elles nous ne savons pas à quoi ressemblent l'excellence et la bonne santé[13].

James Mallon fait de la durée de nomination des curés un enjeu pour la conversion pastorale des paroisses désirée par le pape François, pour leur vitalité, leur rayonnement et, *in fine*, leur capacité missionnaire. La mobilité régulière des curés conduit bien souvent à un immobilisme missionnaire des paroisses.

En relisant les arguments d'Alphonse Borras qui pense que l'on peut « manquer d'audace missionnaire et d'enthousiasme pour des projets nouveaux au-delà de son propre clocher[14] », une audace missionnaire est-elle possible sans un enracinement local avec une communauté qui tout entière est missionnaire et rayonne au-delà de son territoire ? Une paroisse qui a vécu avec son pasteur une conversion missionnaire se retrouve à rayonner au-delà de son propre clocher. Son exemple encourage d'autres paroisses qui viennent découvrir ce qu'il est possible de vivre. Il n'est pas rare, par exemple, qu'une paroisse qui a mis en place des missions d'évangélisation de rue

---

13. James Mallon, *Manuel de survie pour les paroisses, op. cit.*, p. 260-262.
14. Alphonse Borras, *op. cit.*, p. 120.

ou en porte-à-porte aide une autre paroisse, en venant constituer des binômes avec des membres de celle-ci lors de leur première mission. La présence de paroisses « en bonne santé », selon l'expression de James Mallon, est un véritable encouragement pour d'autres.

En face de ce qu'il considère comme les avantages d'une nomination pour une durée déterminée et que nous avons nuancé fortement tant l'argumentation paraît fragile, Alphonse Borras relève aussi des désavantages :

> La durée déterminée présente cependant certains désavantages plus ou moins marqués suivant les tempéraments des intéressés et les communautés concernées. Sachant leur charge transitoire, certains prêtres seront tentés de s'impliquer moins dans leur paroisse. On rencontrera peut-être une démotivation croissante, voire une démobilisation progressive à l'approche de l'échéance, mais aussi des résistances de la part d'une communauté peu ouverte aux projets cautionnés par le curé quand elle ne prend pas le risque de la mission et qu'elle se braque sur la proximité de la fin du mandat[15].

À travers le manque d'implication du curé ou de la communauté, l'absence de motivation et de mobilisation, il souligne un amoindrissement de la capacité missionnaire de la paroisse. Nous pourrions ajouter, d'une part, la question de la croissance du curé et les tentations de carriérisme ou de reproduction d'un schéma, déjà évoquées, et, d'autre part, le cléricalisme que l'impression renvoyée par une succession de pasteurs peut accentuer. Le pasteur apparaît comme celui qui arrive de l'extérieur

15. *Ibid.*

et qui repart, passant de communauté en communauté sans jamais y demeurer et en devenir pleinement membre. Alors qu'il devrait être à la fois dans la communauté et face à elle, il risque de n'être que dans cette dernière posture.

L'historien Yves-Marie Hilaire remarque :

> Il est permis de s'interroger sur la nomination « *ad tempus* » et non plus permanente des curés, qui est l'une des particularités méritant discussion dans l'Église de France. Comment un curé nommé pour six années prorogeables, selon la décision particulière prise par la Conférence épiscopale française, comment ce curé pourra-t-il connaître sa vaste paroisse, comment le bon pasteur de l'Évangile pourra-t-il prendre en charge ses brebis ? Y aura-t-il encore des vocations pour assurer le management de tels ensembles avec l'épée de Damoclès de la mutation possible au bout de six ans[16] ?

Notons, encore une fois, que cette disposition d'une possible nomination pour une durée déterminée n'est pas obligatoire. Avec Yves-Marie Hilaire, il est intéressant de se poser la question des vocations, car, même stable, un curé n'est pas éternel. La vocation est de l'ordre d'un appel de Dieu reçu de manière personnelle. Il n'en reste pas moins que le ministère observé chez des prêtres par un jeune peut favoriser ou freiner la réponse à une éventuelle vocation.

La nomination pour une durée déterminée renvoie l'image de pasteurs interchangeables, qui se succèdent

16. Yves-Marie Hilaire, « Un demi-siècle d'utopies et de réalités paroissiales », *Communio*, 1998/4, p. 68.

comme s'ils devaient continuer simplement ce que le prédécesseur faisait. Cette disposition peut faire croire qu'il y a une unique méthode pastorale, quel que soit le pasteur. La Congrégation pour le clergé n'hésite pas à citer à ce propos des paroles claires de saint Grégoire le Grand :

> Nous considérons qu'une unique méthode pastorale, applicable et adaptable à tous, est inconcevable ; avant nous, Grégoire de Nazianze en fait un axiome de son magistère. L'unicité de la méthode est exclue. Pour édifier tout le monde dans la charité, il sera nécessaire de varier les façons de toucher les cœurs, mais pas la doctrine. Il s'agira donc d'une pastorale d'adaptation modale, mais pas d'adaptation doctrinale[17].

La diversité possible de méthodes pastorales permet à chaque pasteur de déployer la sienne dans la durée en fonction de ses charismes et de sa communauté. Il ne peut se glisser dans la méthode de son prédécesseur.

Devenue une norme dans l'esprit de beaucoup, la nomination à durée déterminée fragilise la perception du curé comme pasteur propre de la paroisse. Sa généralisation ne correspond pas à la demande de stabilité du concile Vatican II. Tout en invitant de manière prioritaire à une stabilité des curés, le Concile a facilité leur déplacement par leur évêque. Le canoniste Jean-Claude Périsset relève : « Stabilité du curé et facilité pour l'évêque de le déplacer ne sont pas opposées. Dans toute décision, le bien des âmes doit être considéré tant par le curé que

17. Saint Grégoire le Grand, *Règle pastorale*, « Introduction à la troisième partie ». In Congrégation pour le clergé, *Le prêtre, pasteur et guide de la communauté paroissiale*, n° 29.

par l'évêque[18]. » Certains ont cru trouver cette facilité de déplacement dans ces durées déterminées qui n'étaient pourtant pas proposées par le Concile. La possibilité de déplacer les curés si nécessaire permet à l'évêque de gérer le bien des âmes de tout son diocèse. Elle ne s'oppose pas à la nécessaire stabilité des curés qu'il nomme.

18. Jean-Claude Périsset, *op. cit.*, p. 94.

Conclusion

Selon la définition du concile Vatican II et du Code de droit canonique qui en découle, le curé est le *pasteur propre* de la paroisse. Il s'inscrit dans une succession dont il doit se montrer digne, avec souvent des figures exemplaires et marquantes avant lui. Il est donné à sa paroisse, à un moment de son histoire, pour la conduire et faire d'elle une communauté eucharistique et missionnaire, vivant en ce monde comme étrangère et de passage, en chemin vers le Ciel.

C'est en son nom propre qu'il gouverne sa paroisse. Il n'agit pas au nom de son évêque, même s'il est nécessairement en communion avec lui. Il ne cherche pas non plus à imiter ses prédécesseurs. Il poursuit l'œuvre qu'ils ont réalisée, tout en agissant de manière singulière, selon ce qu'il est et les impulsions que lui donne le Paraclet. Il agit avec ses charismes et met à profit ceux que l'Esprit Saint a donnés aux paroissiens dont il est le pasteur au nom du Christ et qu'il apprend continuellement à connaître. Époux et père, il engendre à la vie éternelle ceux que le Seigneur appelle au baptême dans sa communauté et qui agrandissent l'Église représentée de manière visible par sa paroisse. Je peux témoigner à nouveau qu'une des grandes joies du curé réside précisément dans la célébration des sacrements de l'initiation chrétienne des adultes lors de la

Vigile pascale. C'est avec plaisir aussi que je vois grandir les quarante-cinq adultes que j'ai baptisés au cours de ces onze années à La Garenne-Colombes, tout en espérant que ceux qui accueilleront le salut donné en Jésus Christ seront toujours plus nombreux. C'est ainsi que je rêve du jour, ou plutôt de la nuit de Pâques, où je baptiserai deux cents adultes !

Le fait d'être pasteur propre induit un don sans retour, à l'image du Bon Pasteur qui donne sa vie pour ses brebis. La charge pastorale du curé nécessite sa stabilité pour le bien des âmes et la cohérence de sa mission. Comme le revers d'une même médaille, la juste compréhension de la charge pastorale du curé met en évidence la communauté des fidèles qui composent la paroisse. La stabilité de l'un suppose et implique la stabilité de l'autre. Quand elle est vécue sans repli sur soi et qu'il n'y a pas de problème particulier, cette double stabilité est au service de la conversion pastorale et missionnaire de la paroisse voulue par le pape François. Elle est le moteur d'une dynamique de croissance tant personnelle que numérique. Le rayonnement d'une telle paroisse peut dépasser ses limites territoriales et devenir un exemple stimulant pour d'autres. Aucune paroisse ne vit en autarcie. Nous avons eu la joie de nous appuyer sur l'aide de fidèles de différentes paroisses ou mouvements. Et, puisqu'il y a plus de joie à donner qu'à recevoir, nous avons la grande joie d'avoir pu à notre tour aider humblement d'autres paroisses. C'est une autre forme de fécondité.

Quelques curés ont été donnés plus particulièrement en modèle à ceux qui reçoivent aujourd'hui cet office dans l'Église. Le premier exemple est évidemment le saint patron de tous les curés de l'univers : saint Jean-Marie Vianney. Devenu chapelain d'Ars en 1818 puis pasteur de sa paroisse en 1821, il y meurt en 1859. Le nom de sa paroisse lui est à jamais attaché : il est pour tous « le saint curé d'Ars ». En élargissant à d'autres cultures et en particulier à celle du pape François, nous pouvons citer saint José Gabriel del Rosario Brochero, surnommé le « *Cura Gaucho* », du nom des *gauchos*, les gardiens des troupeaux de la pampa. Il fut curé de Villa del Tránsito en Argentine de 1869 à 1908, moment où il se retire de sa charge en raison de la lèpre qu'il a contractée. Il revient à la demande de ses paroissiens et meurt en 1914, lépreux et aveugle. Il parcourait à dos de mule les 4 336 kilomètres carrés de sa paroisse San-Alberto à la rencontre des 10 000 habitants. En 1916, « Villa del Tránsito » est devenue « Villa Cura Brochero ». Ces deux exemples si différents nous donnent de percevoir tangiblement le lien du curé avec sa paroisse : l'un est appelé « le curé d'Ars » quand l'autre a donné son nom à la ville qui lui fut donnée pour paroisse. Au-delà de leur stabilité et de la longévité de leur charge curiale – quarante ans environ –, ce qui les unit et en fait des modèles pour tout curé, c'est leur sainteté.

En affirmant la vocation universelle à la sainteté, le concile Vatican II rappelle aux curés qu'ils sont appelés à être saints. Il ne s'agit pas pour eux d'une sainteté *hors sol*, mais d'une sainteté recherchée avec leur paroisse : une sainteté trouvée dans l'exercice de leur charge pastorale et accueillie avec leurs paroissiens. Pour être pastorales et missionnaires, la conversion et la réforme que doit vivre une paroisse avec son curé sont nécessairement avant tout spirituelles : « Que sert à l'homme de gagner l'univers s'il vient à perdre son âme ? » demande Jésus (Mt 16,26). L'enjeu véritable pour le curé et sa paroisse est de trouver les moyens pour avancer ensemble sur le chemin de la sainteté. Un curé ne devient pas saint sans ses paroissiens ou si ses paroissiens – du moins pour une part – ne le deviennent pas avec lui. Même s'il a conscience qu'en raison de son office sa responsabilité est plus grande que celle de ses paroissiens, tout curé devrait pouvoir dire à sa paroisse dans l'allocution finale de la messe de son installation ce que le bienheureux Charles de Habsbourg dit à l'impératrice Zita le jour de leurs noces : « Maintenant, notre devoir est de nous aider mutuellement à aller au Ciel[1]. »

---

1. Jean Sévillia, *Le dernier empereur, Charles d'Autriche,* Perrin, Paris, 2009, p. 33.

Bibliographie

Congrégation pour le clergé, *Le prêtre, pasteur et guide de la communauté paroissiale*, Instruction du 4 août 2002.

Pierre Bailby, *Le curé et sa paroisse,* Librairie Arthème Fayard, coll. « Je sais - je crois », n° 83, 8e partie : « L'Église dans son organisation », Paris, 1961.

Clément Dillenschneider, *La paroisse et son curé dans le mystère de l'Église. Essai de synthèse théologique*, Alsatia, Paris, 1965.

Casiano Floristan, *La paroisse, communauté eucharistique. Essai d'une théologie pastorale de la* paroisse, P. Lethielleux, coll. « Théologie pastorale et spiritualité, recherches et synthèses », Paris, 1963. Traduit de l'espagnol : *La Parroquia, Comunidad eucaristica*, Éditions Marova, Madrid, 1961.

Georges Michonneau, *Paroisse, communauté missionnaire*, Cerf, coll. « Rencontres », 21-22, Paris, 1946.

Table des matières

IMPRIM'VERT®

Achevé d'imprimer par CPI,
en mars 2022
N° d'imprimeur : 2064143

Dépôt légal : avril 2022

Imprimé en France